シリーズ●21世紀の地域 ⑥

井尻昭夫
Akio Ijiri
江藤茂博
Shigehiro Eto
大﨑紘一
Hirokazu Osaki
松本健太郎
Kentaro Matsumoto
編

フードビジネスと地域

食をめぐる文化・地域・情報・流通

ナカニシヤ出版

はしがき

　私たちの食をめぐる選択肢は，ここ数十年で大きく変容したといえるのではないだろうか。いくつか例をあげてみると，たとえば「グルメアプリの情報に導かれてあるレストランを訪れる」「有名観光地のラーメンテーマパークを訪れる」「フードアッセンブリーを利用して新鮮な農産物を生産者から直接購入する」「すぐに食べたい料理をインターネット経由の宅配サービスを利用して気軽に注文する」——それらは，ほんの数十年前には存在しなかった選択肢だったはずである。つまりおいしいものにたどりつくために，私たち現代人に対しては，きわめて多種多様な選択肢が与えられているのだ。さらに付言しておくならば，それらの選択肢は新たな「メディアテクノロジー」や「流通システム」の産物であり，また，そこから新たな「欲望」や「文化」が産出されていく，ともいえるだろう。

　なお，本書のタイトルに即していえば，「フードビジネス」と「地域」との結びつきは，昨今さまざまなかたちで顕在化しつつある。いまや「食」とは，B級グルメや屋台文化がその典型であるように，ある地域における観光資源として活用されたり，あるいは，ガイドブックやグルメサイトにおいて，地域イメージを更新するメディアの中心的トピックとして表象されたりといった具合に，文化や経済をめぐる新たな動向が生成される際の重要な源泉になりつつある。

　いうまでもないことだが，人間は食物を口にするとき，単なる栄養摂取を目的としてその営為に従事しているのではない。むしろ人間は食物を口にするとき，それに付随する各種の情報を消費している——換言すれば「文化」を消費しているわけである。とりわけ「食」をめぐる人びとの関心が高まりをみせる昨今では，それと地域との新たな関係を示唆する情報が各種メディアを通じて増殖し，私たちの生活の至るところに介入しつつある。たとえば「B-1グランプリ」「地産地消」「宅配サービス」「フードテーマパーク」「フードアッセンブリー」「卸売市場」「即席めん」等々——本書で論及される「食」をめぐる現代的なキーワードの数々は，フードビジネスの現在をめぐる多様かつ錯綜した状況を端的に示唆するものになりえている。

B級グルメブームやフード・ツーリズム，あるいはCSA（Community Supported Agriculture）などの今日的展開を鑑みると，食というテーマは地域社会において，流通や観光をめぐる新たなシステム，さらには，各地域の文化的特色をうみだすための原動力として存在感を増しつつある。本書はそのような認識に立脚しながら，『フードビジネスと地域——食をめぐる文化・地域・情報・流通』との題目のもとで，食と地域をめぐる現代的な関係性を多角的に考察することを目標に企画された。ちなみに本書は「第Ⅰ部 「文化」と「地域」からみるフードビジネス」および「第Ⅱ部 「情報」と「流通」からみるフードビジネス」の2部構成によって成り立っているが，まず第Ⅰ部から各章の概要を素描しておきたい。

　まず，第1章の「美からBへの食文化論：日本食の変遷を概観する」（江藤茂博）では，千年以上にわたり独自の発展をとげてきた日本食の「コメ食志向」を取り上げながら，その価値や意味がどのように変化してきたのかを通史的に概観していくことになる。第2章の「モダン，ロマン，カレーライス：「共栄堂のスマトラカレー」と「中村屋のカリー・ライス」」（平崎真右）では，カレーの近代史をふり返るなかで，それが当初は西洋料理として受容され，さらには浸透していく過程において，同時代の世界史と密接に関わる一面が刻印されている様を，現在なお地域で愛されるカレーを提供し続ける二つの店舗——神保町の「共栄堂」と新宿の「中村屋」——を事例としながら示していくことになる。第3章の「現代中国の旅と食：屋台事情から考える」（楊爽）では，中国屋台の発祥地といわれる開封市の「夜市（イェシ）」を事例として取り上げながら，観光資源としての屋台の変化やそれが抱える問題点について論じていく。第4章の「フードビジネスとしての学校給食：岡山県瀬戸内市における学校給食への地場産食材導入を事例として」（岸田芳朗）では，岡山県瀬戸内市で取り組まれた地場産食材の栽培，流通，販売，提供に関する一連のフードビジネスに着目する。そして，食材生産状況と給食場での実態調査を通じて，今後の地場産食材の安定供給システムについて検討することになる。第5章の「薄（淡）口醤油産地の形成と発展：龍野を中心にして」（天野雅敏）では，近世から近代および戦後にかけての龍野醤油の発展と復興の過程を，その市場の動向に焦点をあてて検討をおこなうことになる。第6章の「養殖カキの現状と課題：寄島町漁協

での試みを中心に」（木村史明・井尻昭夫）では，寄島町漁業協同組合（以下，寄島町漁協）でのカキ生産，流通の状況を調査・分析することにより，生産者がそれをどのように生産し，どのように流通させているかを商品研究の視点から検討していくことになる。第7章の「B級グルメにみる食と観光の地域性」（大石貴之）では，ひるぜん焼そばを用いた地域振興の現状を手がかりとして，食と観光の地域性について検討することになる。第8章の「「食」に対する「欲望」の精神分析：妄想するフード・ツーリズム」（遠藤英樹）では，B-1グランプリをはじめとするフード・ツーリズムの事例を前提として，社会学者ピエール・ブルデューの言説を援用しながら，「食べるということ」が社会的な行為であるという点を明らかにする。さらに食べ方にとどまらず，食に対していだく欲望，食欲そのものも社会的なものと結びついていることについて，精神分析学者ジャック・ラカンの議論を援用しながら考察していく。

以上の第Ⅰ部に包含される各章では，おもに「文化」と「地域」という視点からフードビジネスについて考察が展開されるわけであるが，これにつづく第Ⅱ部に包含される各章では，おもに「情報」と「流通」という視点からフードビジネスについて考察が展開されることになる。

まず，第9章の「ラーメン文化をめぐるコミュニケーションの行方：情報過剰から派生するその奇妙な共同性」（松本健太郎）では，各種メディアが多様なかたちで発信するラーメン情報を念頭においたうえで，ラーメンをめぐる人びとの「コミュニケーション」を分析の俎上に載せ，その文化的特色を考察することになる。第10章の「記号としての食文化：インスタント食品を例に」（河田学）では，自然と文化とのあいだを揺れ動く「食」のありかたを考察するために，工業的に生産される即席めんを取り上げながら，その「文化／言説」の次元を分析の俎上に載せることになる。第11章の「グルメサイトにおける「地域」の位置を再考する：「食べログ」と「ぐるなび」の比較を起点として」（山﨑裕行）では，各種グルメサイトを取り上げながら，あるいは行政主導ですすめられた食のブランド化事業「伊達美味」を取り上げながら，それらのサイトにおける地域イメージについて考察を展開することになる。第12章の「現代中国にみる「食」行動とその意識：メディアテクノロジー前後の変化に注目して」（平崎真右・李艶萍・張元・鄭歓）では，中国人研究者3名による報告を軸

として，メディアテクノロジーの発達によって急速に変容しつつある，中国人の食をめぐる消費行為や消費意識の実態を紹介していくことになる。第 13 章の「「農」と「食」との新しい接続を求めて：CSA／Food Assembly／食べる通信／ポケットマルシェ」（大塚泰造）では，農と食，アグリとフードを結節することで，食糧生産システムを再構築しようとする複数の事例――CSA／Food Assembly／食べる通信／ポケットマルシェ――を取り上げながら，「食べ物」が生命維持に必要な食糧としてだけでなく，今日的な課題を変化させうるメディアとして作用する可能性があることを考察の俎上に載せる。第 14 章の「広告戦略からみる地方卸売市場：川崎幸市場を事例に」（海野裕）では，川崎市地方卸売市場南部市場を事例として，卸売市場による一般向けのコミュニケーションの様態とその評価をおこなうことになる。そしてその分析を通じて，卸売市場によるコミュニケーションの意義を検討していくことになる。第 15 章の「地域フードの PR，販促のための情報収集プラットフォームの開発：岡山県新庄村の「ひめのもち」を事例として」（箕輪弘嗣・大﨑紘一）では，岡山商科大学，新庄村，株式会社リプロの連携のもとで実施された InfoStake プロジェクトを取り上げ，観光客誘致を目的に企画されたスタンプラリーゲームの事例を紹介することになる。第 16 章の「地域特性におけるフードビジネスと地域振興：岡山県総社市のパンを事例に」（渡邉憲二）では，総社市の事例として，2016 年から統一規格のオリジナル商品を展開する「パンわーるど総社」を対象として，総社ブランドの確立に向けた取り組みについての考察を展開することになる。本書に収録された各章は，現代におけるフードビジネスの諸相を把握するうえで有意義な視点や事例を数多く含んでいるといえるだろう。

　本書は岡山商科大学と二松學舍大学の共同研究プロジェクトの成果として刊行されるものであるが，他方では，そこに関わる多くの方々の御協力のもとで実現したものともいえる。緒言を終えるにあたって，本書の刊行に御尽力いただいたすべての方々，とりわけ，執筆者の先生方，そして，きびしいスケジュールのなかでの編集作業に御協力いただいたナカニシヤ出版編集部のみなさまと，米谷龍幸氏に心よりお礼を申し上げたい。

編者
井尻昭夫・江藤茂博・大﨑紘一・松本健太郎

目　次

はしがき　*i*

第I部　「文化」と「地域」からみるフードビジネス

第1章　美からBへの食文化論：日本食の変遷を概観する
（江藤茂博）————————————————3

1　はじめに　*4*
2　戦後の食糧事情から　*5*
3　生活環境の変化と食エッセイ　*7*
4　ファストフードとファミレスの登場　*9*
5　バブル期とB級グルメ　*10*
6　おふくろの味とB級グルメ　*12*
7　デジタル情報化社会と食　*14*
8　結びにかえて　*14*

第2章　モダン，ロマン，カレーライス：「共栄堂のスマトラカレー」と「中村屋のカリー・ライス」（平崎真右）————————————————17

1　はじめに　*18*
2　カレーと「モダン」　*19*
3　カレーと「ロマン」　*21*
4　結びにかえて　*26*

第3章　現代中国の旅と食：屋台事情から考える（楊　爽）——— 31

1　はじめに　32
2　開封の屋台の歴史　32
3　開封のさまざまな「夜市」　36
4　おわりに　43

第4章　フードビジネスとしての学校給食：岡山県瀬戸内市における学校給食への地場産食材導入を事例として（岸田芳朗）——— 47

1　はじめに　48
2　地場食材を学校給食に提供する実証調査　49
3　実証調査からの考察と今後の展望　54
4　結びにかえて：瀬戸内市民で支える学校給食　56

第5章　薄（淡）口醤油産地の形成と発展：龍野を中心にして
　　　（天野雅敏）——— 59

1　はじめに　60
2　近世龍野醤油の成立　60
3　近代龍野醤油の動向　62
4　戦後の龍野醤油の市場動向　66

第6章　養殖カキの現状と課題：寄島町漁協での試みを中心に
　　　（木村史明・井尻昭夫）——— 71

1　はじめに　72
2　カキ養殖の現状　72
3　養殖カキ流通の現状　75

4　結びにかえて：養殖カキの課題　*80*

第7章　B級グルメにみる食と観光の地域性（大石貴之）——— *83*

　　1　はじめに：食と観光　*84*
　　2　B級グルメとB-1グランプリ　*85*
　　3　B級グルメと観光の事例：ひるぜん焼そば　*86*
　　4　ひるぜん焼そばにみる食と観光の地域性　*92*
　　5　おわりに：B級グルメを生かした観光の展望　*93*

第8章　「食」に対する「欲望」の精神分析：妄想するフード・ツーリズム
　　　　　（遠藤英樹）——— *95*

　　1　はじめに　*96*
　　2　「社会」を食べる：ブルデューの言説を手がかりに　*96*
　　3　ラカンのテーゼ：人間の欲望は他者の欲望である　*99*
　　4　妄想するフード・ツーリズム：フード・ツーリズムにみる「食」をめぐる「欲望」と「対象a」　*102*

第Ⅱ部　「情報」と「流通」からみるフードビジネス

第9章　ラーメン文化をめぐるコミュニケーションの行方：情報過剰から派生するその奇妙な共同性（松本健太郎）——— *109*

　　1　はじめに：多様化するラーメン文化　*110*
　　2　饒舌化するメディア：ラーメン情報のデータベース化　*113*
　　3　差異化の手段としてのコミュニケーション　*116*
　　4　結びにかえて　*121*

第10章　記号としての食文化：インスタント食品を例に（河田　学）——123

1　はじめに：〈食〉における〈文化／記号〉の次元　124
2　即席めんの誕生：未来の食品としての即席めん　126
3　即席めんの新しい時代：高級化路線以降　130
4　結びにかえて　132

第11章　グルメサイトにおける「地域」の位置を再考する：「食べログ」と「ぐるなび」の比較を起点として（山﨑裕行）——137

1　はじめに　138
2　グルメサイトにおける「地域」の位置　139
3　予期を前提とした欲望の再生産　145
4　フードテーマパーク化する地域　148
5　結びにかえて　151

第12章　現代中国にみる「食」行動とその意識：メディアテクノロジー前後の変化に注目して（平崎真右・李艶萍・張　元・鄭　歓）——153

1　はじめに　154
2　ファストフードの展開にみる意識の変容　158
3　「出前アプリ」の登場とその利用　162
4　「インターネット＋」政策からみる食O2O産業の現状　166
5　おわりに　169

第13章 「農」と「食」との新しい接続を求めて：CSA／Food Assembly／食べる通信／ポケットマルシェ〔大塚泰造〕―― 173

1 はじめに　*174*
2 アメリカにおけるCSAの現状　*175*
3 フランス発祥のフードアッセンブリー　*177*
4 東北からはじまった「食べる通信」　*179*
5 ポケットマルシェの挑戦　*181*
6 結びにかえて　*183*

第14章 広告戦略からみる地方卸売市場：川崎幸市場を事例に
〔海野　裕〕―― 187

1 はじめに　*188*
2 川崎南部市場とその事業環境　*190*
3 広告戦略とは何か　*191*
4 川崎南部市場の広告戦略　*193*
5 結びにかえて：卸売市場に未来はあるか　*196*

第15章 地域フードのPR，販促のための情報収集プラットフォームの開発：岡山県新庄村の「ひめのもち」を事例として〔箕輪弘嗣・大﨑紘一〕―― 199

1 はじめに：魅力的な特産物をもつ新庄村　*200*
2 「ひめのもち」のふる里を掲載するプラットフォーム　*200*
3 スタンプラリーゲームの展開　*202*
4 アプリについて　*204*
5 eスタンプについて　*207*
6 ソフトウェアの公開　*208*

第 16 章　地域特性におけるフードビジネスと地域振興：岡山県総社市のパンを事例に（渡邉憲二）——————— 211

1　はじめに　*212*
2　総社市の概要　*212*
3　総社市におけるパンの取り組みとブランド構築　*213*
4　「パンわーるど総社」の商品開発と活動展開　*215*
5　結びにかえて　*220*

コラム①：中国の膠東地方における酒文化：風習や作法など（張天波／倉持リツコ［訳］）　*45*
コラム②：中国における麺文化（黃碧波）　*135*
コラム③：中国における食と健康への意識（松田貴博）　*171*

事項索引　*223*
人名索引　*226*

第Ⅰ部
「文化」と「地域」からみるフードビジネス

第1章
美からBへの食文化論
日本食の変遷を概観する

江藤茂博

　日本食は千年以上にわたり，中華料理や韓国料理とは異なる独自の発展を，食材と調理の両面で遂げてきた。それが西洋から食肉文化が導入されたことにより，たとえば野菜煮に牛肉がはいった牛鍋のように，あるいはそこにカレー粉が入った和製カレーのように，そのままではなく日本的にローカライズするかたちで海外の食文化を取り入れてきた，といえる。その「日本化」の力学として認められるもののなかに，コメ食志向の強さをあげることができる。これは，たとえば味噌や醤油などで味を調えながら，さまざまな食べ物をコメ食の「おかず」へと変化させていく傾向のことを指す。

　明治日本の成立前後から第二次世界大戦の敗戦に至るまで，日本人は強いコメ食志向をもっており，戦後の食文化にも大きな影響を及ぼすことになった。本章では近代日本の食文化を，江戸末期のそれと接続させながら，その価値や意味がどのように変化してきたのかを通史的に概観していくことになる。

1 はじめに

　日本で一般向けの料理本やグルメガイドが登場するのは，江戸時代の後半以降のことであるという。それまでは実用的専門書だった料理本が読み物やガイドブックへと変化するのだ。たとえば『豆腐百珍』（筆者不詳, 1782）や『江戸名物酒飯手引草』（筆者不詳, 1848）などは，当時の人びとが食を楽しんでいたということを示している。その背景としては，江戸時代後半までに，換金可能な米本位制度と貨幣経済とが相互性をもっており，大都市部での自由な貨幣経済が実現されていた，という事情もある。そうした経済システムのもとで，士農工商の身分制では最下位である商人の一部が次第に大きな力をもつようになり，豪農豪商も参画する幕末維新期の政治的な変革期が到来することになる。その時期はまた，大都市部ではすでに準備されていた，食文化の変革期でもあった。

　茂木信太郎が指摘するように江戸時代後期，江戸は当時としては世界最大の消費人口をもつ大都市であり，屋台や蕎麦屋そして茶屋などの食産業が活況を呈していたという（日本フードサービス学会, 2015：2-3）。蕎麦，寿司，てんぷらなどがファストフードのように売られ，また，高級レストランに等しい店も存在していたという。たしかに先述の『江戸名物酒飯手引草』にも594にのぼる飲食店が記載されており，それ以外の不人気店や屋台などを含めると相当数の飲食店が江戸にあったことは想像に難くない。この時期は，江戸の男女比人口でいうと圧倒的に男性が多く，それを労働従事人口と考えるならば，外食文化のひろがりは必然性をもっていた。

　こうした商業経済の発展のなかで，個人営業ではあるが多数の食ビジネスが展開されていて，そこにやがて幕末維新期を経ることで，日本の食文化に新たな西洋からの食肉文化が入ってくる。これは欧化政策がもたらしたものの一つであるが，なかでも西洋医学の導入と，そこから派生した健康観や栄養観も関与していたと考えられる。

　それまで日本食は千年以上にわたり，中華料理や韓国料理とは異なる独自の発展を，食材と調理の両面で遂げてきた。そこに西洋から食肉文化が導入されたことにより，たとえば野菜煮に牛肉を加えた牛鍋のように，あるいは，そこにカレー粉がはいった和製カレーのように，そのままではなく日本的にローカ

ライズするかたちで海外の食文化が導入された。

その「日本化」の力学として認められるもののなかに，コメ食志向の強さをあげることができる。これは，たとえば味噌や醬油などで味を調えながら，さまざまな外来種の食べ物をコメ食の「おかず」へと変化させていく傾向のことを指す。牛鍋（後のすき焼き）も，和製カレーもそうした事例の一つと考えられるだろう。また，こうしたコメ食志向は，長い江戸時代に武士階級がコメを給与として受け取り，その多寡が身分を表していたことも心理的に影響しているのかもしれない。

このような食をめぐる西洋文化のローカライズとコメ食志向は，太平洋戦争期における食料不足に際しては，梅干しとコメのみからなる「日の丸弁当」というシンボリックな食を生んだ。さらに戦争末期から戦後にかけては，そうしたコメすら入手不能になり，それが当時大きな問題となったわけである。

ともあれ明治日本の成立前後から第二次世界大戦の敗戦に至るまで，日本人は食の受容のスタイルと結びつく強いコメ食志向をもっており，このことが戦後の食文化にも大きな影響を及ぼすことになったのである。

2 戦後の食糧事情から

第二次世界大戦末の国民的な飢餓状態は，1945年8月の敗戦によってさらに悪化する。いわゆる外地にいた日本人や軍人の引き揚げは，当然ながら国内の食糧不足に拍車をかけることになった。さらに戦時下での出産奨励は，戦後のベビーブームへとつながり，国内人口の増大が生じたのである。

すでにコメを主食にしていた近代日本人は，明治期の後半から外米を輸入していたが，日中戦争がはじまる頃にはコメ不足に陥っていた。それに関連していえば，たとえば日本婦人団体連盟は1937年12月に「白米食をやめましょう」というスローガンを出している。その後，1939年には米穀配給統制法が公布され，コメの統制が開始される。1945年8月以降の敗戦および連合軍の占領下でも食糧難は継続し，人びとは配給と取締りがあるなか，闇での流通によって飢えをしのいだ。コメ以外の食糧統制が撤廃されたのは1952年だが，もちろんその背景には，1950年の朝鮮戦争勃発による特需景気がもたらした国内産業の

復興がある。

　この期間，一部の食文化が戦前の水準に戻ったにせよ，大半の国民は食糧不足のなかで，敗戦後の慢性的な空腹感から逃れることはできなかった。北大路魯山人の会員食堂「美食倶楽部」(1921年)や「星岡茶寮」(1925年)が設立されたのはすでに大正期であったが，戦後はもはや美食どころではなく，栄養不足の解消が第一の課題であり，栄養改善にどのような対策を講じるかが急務であった。農産物の輸入が本格的に開始された1950年代の中頃からは食生活が安定し，さらなる欧米化が進行することになる。1955年の段階で日本住宅公団の発足により核家族を前提とした団地が建設され，また1956年の『経済白書』(経済企画庁, 1956) では「もはや戦後ではない」と表現されていた[1]。ともあれ以上のような過程を経ながら，食は次第に「量の問題」から「質の問題」へとようやく移行しはじめるのである。

　1954年の段階で「三種の神器」とされたのは電気冷蔵庫・電気洗濯機・電気真空掃除機であったが，それらはいずれも主婦の家事労働を軽減するツールでもあった。なかでも「電気冷蔵庫」は，家庭での調理負担を軽減させつつ，食材と調理方法をも大きく変化させるものであり，やがて家庭料理そのものも変えていくことになる。また同年，アメリカからの余剰農産物の受け入れによる買付け購入がはじまった小麦は，翌1955年にも輸入および購入されることになるが，この年になるとすでにコメ不足の時代は終わったともいわれていた。

　1957年には「新三種の神器」として電気冷蔵庫・電気洗濯機・白黒テレビが話題となる。つまりテレビの本放送が開始されたことにより，掃除機がテレビと入れ替わったのである。さらに生活面での変化に関していえば，この年に大阪でスーパーマーケットダイエー一号店が開店している。また翌年の1958年にはインスタントラーメンの先駆である「即席チキンラーメン」が登場している。この時期になると，食糧不足からの回復はやがて経済の高度成長期と重なり，より一層の利便性が追求され，簡単な調理で済む料理が人気となる。そしてそれ以降，コーヒーやカレーなどのインスタント食品ブームが1950年代後

---

[1] それでも，当時の厚生省が1959年に発行した『国民栄養白書』(厚生省公衆衛生局栄養課, 1959) では，四人に一人が栄養不足の状態にあると指摘されていた。

半から 1960 年にかけて顕著になるのだ[2]。

　それは同時に，食の欧米化がさらに進展する時期として位置づけることができる。国産コカ・コーラ発売（1957 年），キューピーのフレンチ・ドレッシング発売（1958 年），オーマイスパゲッティ発売（1959 年），国産インスタントコーヒー発売（1960 年），コーンフレーク発売（1963 年），さらに「クノールスープ」発売（(1964 年）といった具合に，インスタントのものを含め欧米由来で簡単に調理できる料理が人気を博した。

　もちろん，日本食においても同様の流れが認められる。1960 年に丸美屋のふりかけ「のりたま」が発売され，翌年には即席みそ汁が発売され，さらに 1962 年には「きゅうりのキューちゃん」が発売された。こうした商品を列挙するだけでも，食文化の大きな変化を確認することができるだろう。しかし，それらの大半は「おかず」のバリエーションであり，コメ食志向の強さは従来のままだったともいえる。

3　生活環境の変化と食エッセイ

　戦後混乱期における食糧不足の解消と食の安全確保が目指されるなかで，日本は 1950 年代中頃からの高度成長期を迎えた。当時の文化現象を考えるうえで重要なのは，戦前になされた財閥解体にもかかわらず，旧財閥系の銀行を中心としてその再編が高度成長のなかで進行したことだろう。その旧財閥の再編，および 1959 年の皇太子と美智子妃との成婚は，高度成長期の文化に多大な影響を与えた。

　そもそも明治期には，江戸期の身分制度にともなう士族の特権は失われ，いわゆる四民平等とはなるが，徴兵制度の導入は，国民意識を武士階級の階級意識と安易に同一化させてしまったのではないか。他方で，戦前の財閥解体およびその再編は，高度成長期において皇族と民間出身者との成婚というイベントと重なりながら，国民意識を明治大正期においては少数であったブルジョアの

---

[2] 1963 年には家電普及率がテレビで 88.7％，冷蔵庫は 39.1％となり，1965 年には冷凍冷蔵庫が発売された。

階級意識とやはり安易に同一化させてしまったのかもしれない。そのような背景のもとで，戦後における食の貧困からの脱却が，戦前のブルジョアの生活を意識した美食文化の回復として再構築されていったと考えることができる。

　もちろん明治には西洋食が紹介され，また，コメ食志向の文脈でそれらの日本化があったのはたしかだが，戦後になるとアメリカのハリウッド映画とホームドラマの影響によって，西欧の家庭生活とその食文化がいわば国民的な憧れとなった。家電品の普及と食材の輸入や調理法の紹介などにより，コメ食志向だった日本人の食卓は大きく変化した。その前提として，敗戦占領期での食糧不足と日本の文化に対する国民の自信喪失があったことは間違いないだろう。さらに高度成長期以降，各都市に西洋式のホテルが続々と建設されて，ホテルでの結婚式も増加することになる。また，西洋料理のテーブルマナー講習会が高校などでひろく実施されるようにもなった。ともあれ日常生活の欧米化にともなって，戦前のブルジョアの生活を意識した美食文化もまた，いわゆる大衆化されたものとして再登場するのである。

　もちろんこうした和洋中華がコメ食志向文脈でのジャンル，つまり「おかず」化に向かうのに対して，「本格」という意味での美食の追求もまたなされるようになった。邱永漢（1957）による食のエッセイなどは「本格」の追求である。つまり料理のうちでも，コメ食志向の強いものが大衆的な和洋中華の料理となり，コメ食志向の弱いものが本格的な和洋中華の料理となった。そして後述するように，この文脈でいえば，B級グルメは，コメ食志向の強い料理の代替物という領域に重なるものではなかったか，と考えられる。

　高度成長期における食文化の変化と多様化は，出版・放送においても顕著に認められる。食に関するエッセイとしては，たとえば檀一雄（1970）による『檀流クッキング』など，家庭でつくることを前提とした食材論や料理論や，吉田健一（1958, 1972）のエッセイなど，来たるべき観光ブームを暗示する各地の特産物に関する食文化論が名著として残っている。付言しておくと，前者は現在にまで至るテレビの料理番組と結びつき，後者は「ディスカバージャパン」などの観光と結びつき，さらに自治体をあげた地域振興としての地元のB級グルメへとつながっていくのである。

4 ファストフードとファミレスの登場

　外来料理とそれに付随する外来食の作法は，日本の食文化と融合するものもあれば，領域区分を保持するものもある。箸で食べる明治東京の牛鍋（のちに関西由来のすき焼と合体したのではないだろうか）などは，野菜の醬油煮あるいは味噌煮をベースとして，そこに肉を入れた料理であり，日本の食文化と融合したものに位置づけることができる。他方でナイフとフォークを使用する本格フランス料理は，後者の領域区分を保持するものに位置づけることができる。繰り返しになるが，前者はコメ食志向の強い大衆派であり，後者はコメ食志向の弱い本格派である。

　ファストフードは，江戸時代後期から受け継がれた蕎麦や寿司などの軽食文化がより上位の食文化へと格上げされるなかで，1970年代に外来のハンバーガーやホットドックなどのパン食系のチェーン店が導入されたことによって成立した。その例としてはマクドナルドやウェンディーズがあり，また，軽食文化というよりは喫茶文化に重なるドーナツ食系のチェーン店であるミスタードーナツも同時期であった。それに先行していたのがファミリーレストラン（以下，ファミレス）で，すでに1960年代の段階でアメリカのチェーンと提携しながら全国展開されていった。ちなみに1970年の万国博覧会がこうした食文化の出発といわれている。都会的な生活のなかで，手軽かつ短時間で済ませられる軽食文化が求められ，さらにモータリーゼーションによって車で行ける郊外型レストランが必要とされたのである。もちろん，その郊外型レストランで提供されていたのは，装いはどうであれ，その多くはコメ食志向の強い大衆派の料理であった。

　こうしたファストフードとファミレスは，日本の食文化にどのような影響を与えたのだろうか。そもそも江戸時代以来のファストフード的性格をもつ蕎麦は，今日まで「立ち食い蕎麦店」として存続している。一方，この時期，衛生管理とコストの面において寿司が，調理管理の面においててんぷらが，それぞれファストフード的な領域から最初は除外されることになったのだろう。その代わりに，ハンバーガーなどの外来料理がファストフードの領域に導入されたわけである。たしかに江戸時代由来の「立ち食い蕎麦店」は，かつて男性の勤

め人以外は入店しにくい雰囲気があったため,若者や女性たちがアメリカ的な文化を感じることのできるチェーンのバーガーショップが大人気となったのだろう。しかし寿司に関しては,1970年代の後半から,回転台を設置することによって,再びファストフード的な領域に参入することになる。

　また,ファミレスはモータリゼーションがもたらした新しい街道沿いの文化,そして高度成長期中盤からの郊外文化の産物でもあった。当時の表現でいう「カーライフ」と連動した食事提供の場である郊外型のチェーンレストランは,高速道路網の展開とも結びついていたのである。つまり行楽地の食というよりも,むしろ自家用車を手に入れた家族が広いスペースで食事を楽しめるレストランが日本各地に展開されたのである。こうしたファミレス文化の展開の背景として,モータリゼーションが展開された時期に,まだ自家用車で訪れる場所に飲食店が少なかったことに加えて,ファミレスが家族で楽しむのに十分なスペースをそなえていたこと,そして,そこを利用する親世代がかつてのデパート食堂のような楽しさをそなえた店としてファミレスを見出したことなどがあると考えられる。

5　バブル期とB級グルメ

　いわゆるバブル時代とは,1986年12月から1991年2月まで,日本経済が好景気に沸いた時期を指す。その時期は,戦中戦後に生まれた世代が親世代となり,彼らと1970年前後に生まれたその子ども世代が中心となっていた。金融・資産運用での高利益を背景として,高級品消費ブームが一般にまで広がり,あわせて高級な食文化ももてはやされた。海外旅行やリゾートに多くの人びとが向かい,若者も都心部の盛り場でディスコやパーティに興じていた。一方,こうした華やかさとは対照的なものとして嫌われた暗さは,ゲームやレンタルビデオなどの個室にひっそりと身を沈める文化的傾向が含みもっていた。1980年代に広く使われるようになった「オタク」という暗さを示す表現は,個人的な趣味を大切にしようとする人びとに対する,ネガティブもしくは差別的な用語でもあった。この「オタク」という語がある程度の市民権を得るには,1990年代後半を待つしかなかったのである。

このようなバブル時代において，B級としての食の文化が，高価な食事を評価する一般的な風潮に対していちはやく待ったをかけ，「安いけどおいしい」という価値基準を主張することになったのである。これは食通文化の伝統が支えてきた玄人的な評価基準の存在を逆説的に表現したものでもあり，また，日常性の復権という意味合いもそなえていたといえる。それは，いわばバブル時代という「ハレ」の蔓延に対する，「ケ」の空間からの批判でもあった。では，なぜこの時期に，B級グルメが日常からの批判になりえたのだろうか。
　やや繰り返しになるが，1960年前後からの高度成長期においては，家電品の登場とコメ食の国民充足によって，再び明治大正期同様の欧米化がはじまる。そこに外地からの引揚者が持ち込んだ東アジア食文化も組み込まれ，日本の食文化は，経済成長とともに料理種が多様化したのである。ただしコメ食の充足は，おかずというコメ食志向の文脈での多様性を生むことになり，コメ不足の時代におけるコメの代替品は次第に人びとの記憶から薄れてしまう。あるいは，代替物の役割のまま地域に根づき，それと気づかれないまま定着していくケースもあったろう。ただそのようなコメの代替品は，食欲旺盛な子ども時代にそれらを差し出された人たちにとっては，幼い頃の印象深い記憶として組み込まれたに違いない。それらが，後の地域おこしとしての「B級グルメ」となって再発見されるのである。
　本章ではすでに1960年代にはじまるモータリーゼーションとファミレスの関連について言及した。百貨店の大食堂に連なるファミレスは，1970年代に全国展開することで，日本の食文化の平均値を形成することになった。それは高度成長期にあって，経済成長への期待にあわせた少し贅沢な大衆食として国内に普及したため，その利用者のコメ食志向はさほど揺らがなかったともいえる。
　むしろ，ファミレスは近代日本が目指した欧米化をコメ食志向の文脈で充たすものでもあり，また，和食系や中華食系の「本格派」，さらには欧米食系の「本格派」が対抗勢力としてあったものの，当時の主流であり憧れでもあったモータリーゼーションにおいて一歩先をいくアメリカのファストフード文化さえも含む展開となったのである。1970年代に入ると，先述のようにマクドナルドやケンタッキーフライドチキンなどのファストフードが日本国内でチェーン展開をする。それは江戸時代のファストフード文化の後継者として，親和性のあ

る食空間に接ぎ木されるのである。

　重要なのは，ファミレスを通じて平準化されたコメ食志向の食文化が1980年代の中頃，バブル経済の開始にともなって非コメ食志向の高級料理とは一線を画すかたちで大衆的な中流食文化の基準になったことである。それは同時に，その下層との区分をはかるための指標にもなった。とくに1970年代の大都市部郊外で育った子どもたちは幼少の頃から親と共にファミレスを利用し，やがてバブル前夜の時代には，自分の車で24時間営業のファミレスをたまり場として利用する最初の世代になったのである。そしてバブル経済を迎えると，「ファミレスの食事以上か以下か」という尺度を内面化することで，その基準をもとにした新たな高級志向が生まれたともいえる。このように，戦後のベビーブーム世代を親にもつ1970年代生まれの子どもたちが，食文化にも「ブランド文化」や「記号文化」を持ち込んだのである。

　こうした食の平均値がファミレスとともに波及し，バブル経済によって高級志向が一般の人びとのあいだに生じた一方で，ファミレスの基準から洩れ落ちた食の領域にも目が向けられることになる。その典型として挙げられるのが1980年代中頃から台頭してきた先のB級グルメであった。従来の和食高級料亭と洋食高級レストランを上位に区分する新興のファミレス料理は，それが外来料理を出自とするものであっても，コメ食志向を強くかねそなえている外食文化である。そのため，さらに大衆性のある定食・キッチン系外食文化を自らの下位に区分することになった。B級グルメとは，そうした下位区分からの反逆，あるいは異議申し立てでもあったのだ。もちろん，そのB級とされる食の領域には，人びとの記憶に残る代替・ジャンク系の食文化が重なることになる。

6　おふくろの味とB級グルメ

　婚姻後，女性が炊事を担当することが多かった時代では，そこで提供された料理が幼少期の味覚を形成していた。家庭での食事が基本であった時代は，食材や調味料によって形成される家庭それぞれの味覚が，成人後のさまざまな味覚体験に先行する「おふくろの味」となる。戦時下から戦後にかけての食糧難の時代でさえも，家庭料理が個々の家で提供されていたのだろうし，それらも

また「おふくろの味」として振り返られることになる。

　1950年代後半から，とくに都市部において，総菜屋で購入したおかずやインスタント食品が家庭料理として提供されるようになると，それらもまた，「おふくろの味」として記憶されることになる。食材や調味料によって家庭での工夫や再調理をすれば，他の家庭とは違った味覚として記憶されるからである。こうした「おふくろの味」は，同時期にはじまったテレビ放送での料理番組や，戦前からの婦人雑誌による調理ガイド，そして各種の料理教室などを通して，全国的な画一化の影響を受けるようになる。1960年代以降の冷蔵庫をはじめとする家電品の普及も，それを後押しするものであった。このような画一化は，当然ながら，「おふくろの味」という個別的な味覚の記憶を希薄化させてしまう。やがて，煮物などの和食総菜を象徴的に「おふくろの味」と呼ぶようになっていった。

　こうして家庭の味の記憶は，1970年代に二つの点からさらに希薄化したといえる。一つは，家庭料理で使用する食材や調味料，そして調理関連具の普及による全国的な均質化であり，もう一つはファミレスやファストフードの一般化である。しかし，家庭で供される「おふくろの味」には，食材や調味料のローカリティが消滅していたわけではないので，大衆的な郷土食によって味覚の記憶が再発見されることになった。それを外部的に支えたのが「ディスカバージャパン」のキャンペーンを典型とするような，ローカルな旅への関心である。地方を旅する人たちは，同時にローカルな食（郷土料理・郷土食・B級グルメ）を発見していく。1980年代に広がった高級な食事と平均値的なファミリーレストランの食事は，さらにその上位と下位とにコメ食志向のローカル食を配置することになる。上位区分には高級な「郷土料理」が置かれ，下位区分にはファミレス化することもある郷土食となったのである。そしてローカリティとコメ食の代替物としての歴史をもつB級グルメは，その土地の人びとにとっては「おふくろの味」の代替物であるかのように支持され評価されていく。繰り返しになるが，それは家庭の味の均質化が広がった帰結でもある。

　もちろんローカリティを保持する郷土食がそのまま地域で生きる場合もあれば，ファミレス化することもあった。長崎のちゃんぽん（「リンガーハット」やそこから派生したと思われる岡山の「長崎チャンメン」）や東京の牛丼やてんぷ

ら（「吉野家」「松屋」や「てんや」），そして関西のギョーザ（「餃子の王将」や「大阪王将」）などがその事例にあたる。外来料理由来のファミレスに対して，どちらかといえば郷土食由来のファミレスということができるだろう。

7 デジタル情報化社会と食

　バブル崩壊後の日本は，景気の低迷停滞はあったものの，急激なデジタル情報化社会へと向かうことになる。インターネットを介して時空に縛られることのない情報コミュニケーションが実現し，いわゆる高度情報化社会が到来したのである。

　デジタル環境下での食文化は，評価による序列化がネット上で展開され，評価数値がすべての料理を並列化していく。もちろん，評価の基準が設定されたうえでの序列化ではあるので，対象となるのは，評価領域が設定されやすい技術競争的な領域と，逆に，比較的それが設定されにくい素材的な領域とに分化する傾向が生まれた。ラーメンやフランス料理などが前者の傾向をもつ領域に入るとすれば，素材の鮮度や産地で価値を獲得できる和食はどちらかといえば後者の傾向をもつ領域に入るものだといえよう。さらに食の安全への関心が，料理のジャンルを問わず後者の傾向とも結びつくことになる。

　日本におけるコメ食志向の食文化のなかで，序列化と領域化を生んだ近代以降の食文化の変化が，さらにデジタル情報化社会における序列化と再区分を通じて，合理的な市場戦略にもとづく新しい食文化を登場させようとしている。しかし私たちはそれでも，そうした合理性だけでは取りこぼしてしまう，新たな嗜好を見出すことを忘れるわけではない。そして，そのせめぎ合いのなかから，たとえばB級グルメのように，新しい食の文化として再構成されて，私たちの前に登場するものもあるだろう。

8 結びにかえて

　本章では近代日本の食文化を，江戸末期のそれと接続させながら，その価値や意味がどのように変化してきたのかを通史的に概観してきた。さまざまな外

因のなかで，コメ食志向の強いものが大衆的な和洋中華の料理となり，コメ食志向の弱いものが本格的な和洋中華の料理となった。そしてジャンルの序列化のなかでB級グルメは，コメ食志向の強い料理の代替物という記憶が食通意識と結びつき，バブル期の高級志向を批判するものではなかったかと考えた。

ジャンルの序列化を用意した高度成長期以降のファミレスは，コメ食志向の大衆的な和洋中華の全国的な食種基準を生み，また，そうした区分をより明確化することで拡大していったのだった。同時に，そうした基準あるいは区分は，地方の食文化にも影響を与え，高級な郷土料理とファミレス化する郷土食の二極化を生んでいたのである。ついでに記すと，まだ置き去りにされたままの郷土食もあるのだ。私自身，そうした郷土食を密かな楽しみとしている。そして家庭料理は，調理器具と調理用加工食品の高度化によって，個性的な味覚の記憶を消してしまった。いま直面するデジタル高度情報化社会はさらに調理の分析と再現を容易にするために，ファッションのように流行で左右される食のモードが展開する。また，食の安全と結びついた出自管理と素材志向を生むことになった。このような新しい食環境で育った世代の新たな食嗜好が，伝統とこうした差異化生成のなかでまた新たな食のモードを生み出すに違いない。

【文　献】

邱　永漢（1957）.『食は広州に在り』竜星閣
経済企画庁（1956）.『経済白書』〈http://www5.cao.go.jp/keizai3/keizaiwp/wp-je56/wp-je56-0000i1.html〉
厚生省公衆衛生局栄養課（1959）.『国民栄養白書』第一出版
檀　一雄（1970）.『檀流クッキング』サンケイ新聞社出版局
筆者不詳（1782）.『豆腐百珍』春星堂藤屋善七
筆者不詳（1848）.『江戸名物酒飯手引草』
日本サービスフード学会［編］（2015）.『現代フードサービス論』創成社，pp.2-3.
吉田健一（1958）.『舌鼓ところどころ』文藝春秋新社
吉田健一（1972）.『私の食物誌』中央公論社

第2章
モダン，ロマン，カレーライス
「共栄堂のスマトラカレー」と「中村屋のカリー・ライス」

平崎真右

　カレーは日本に紹介されて以来，まだ150年ほどの時間しか経過していないが，他方でそれは「国民食」とも呼ばれるほどに，日本人の食卓に浸透しつつある。本章ではカレーの近代史をふり返るなかで，それが当初は西洋料理として受容され，さらには浸透していく過程において，同時代の世界史と密接に関わる一面が刻印されているさまを，現在なお地域で愛されるカレーを提供し続ける二つの店舗——神保町の「共栄堂」と新宿の「中村屋」——を事例としながら示していくことになる。

　カレーには「神保町」や「新宿」といった局所的な，街場の発展のなかでもつ固有の歴史や意味合いも当然に認められるものの，それは一地域に留まらず，同時代の世界史的な動向のなかでもたらされた「モダン」で「ロマン」な「食」として考えることが可能である。それは地域（＝ローカル）を越えたグローバルなものとして入ってきたものが，「日本」や「神保町」「新宿」といったローカルな範疇で改変されつつ定着していく過程でもあった，ということでもある。

1 はじめに

「カレーライス」(以下では「カレー」と略記)と聞いて連想するものはなんだろうか。読者はきっと(具材や盛りつけなどは人によって違うかもしれないが)「カレールー」と「お米」とが合わさった,あの料理をイメージしたに違いない。細かい説明を必要とせずに特定のイメージが共有されるほど,カレーは私たちの生活に密着しているといえる。このような感覚を,まずはデータで確認してみよう。

「味の素」が2000年9月に実施した「嗜好調査」によると,カレーは「好きな主食ベスト10」で7位にランクインしているが[1],その後の調査によると「ORICON STYLE」の「一番よく作る料理」(2006年1月)では1位[2],『朝日新聞』の「おかずアンケート」(2008年3月)でも「食べたいおかず」の1位[3],さらには「マイナビ」「【女性編】得意料理ランキング」(2014年1月)でも1位[4]を獲得するなど,日本人にとって非常に身近な食べ物であることがわかる。また,老舗カレーメーカーである「エスビー食品」のデータを参照すれば,カ

---

1) 伏木亨「日本人の食嗜好」より〈http://www.mhlw.go.jp/file/05-Shingikai-10901000-Kenkoukyoku-Soumuka/0000026846.pdf (最終閲覧日:2017年2月27日)〉。味の素の調査は全国250地点,15歳~79歳の男女5,000人を対象とするが,参考までに10位までの品目を記しておく。1位「ご飯(白米)」,2位「にぎりずし」,3位「炊き込みご飯(混ぜご飯,かやくご飯)」,4位「ラーメン」,5位「おにぎり(おむすび)」,6位「ちらし寿司(五目寿司,混ぜ寿司)」,7位「カレーライス」,8位「うどん」,9位「そば」,10位「チャーハン」。
2) 「気になる他人の自炊レパートリー 1位はカレー」『ORICON NEWS』より〈http://www.oricon.co.jp/news/42209/full/#rk (最終閲覧日:2017年2月27日)〉。「オリコン・モニターリサーチ」会員の高校生,専・大学生,20代会社員,30代,40代の男女の各200人,計2,000人に対するインターネット調査だが,職業・年代別のほか,【総合】【女性】【男性】のすべてでカレーは1位となっている。
3) 「食卓彩る おかずは」(『朝日新聞』2008年3月4日付朝刊)より。生活面の募集記事や朝日新聞会員サービス「アスパラクラブ」を通じた回答の集計による。男性8,139人,女性6,735人,計14,874人。「食べたいおかず」は男女合算で,カレーライスの得票数は2,686票。男女別では,男性では2位,女性では1位となる。
4) 「ライフスタイル【女性編】得意料理ランキング」『マイナビニュース』より〈http://news.mynavi.jp/news/2014/02/25/189/ (最終閲覧日:2017年2月27日)〉。「マイナビニュース」会員,女性400名を対象にしたインターネットログイン式アンケート。

レーの消費量は日本人1人あたり年間約76食とされ，ここからも週に1・2回は何らかのかたちで私たちがカレーを食べていることがわかる[5]。もちろん指標のとり方と算出の方法によって統計データは変動するが，比較的簡単にアクセス可能なこれらのデータを総合してみれば，農林水産省が（先の『朝日新聞』調査を受けるかたちで）オフィシャルな見解として「国民食」（農林水産省ホームページ）と述べてしまうほどに，カレーはすでに私たちの生活に浸透しているのだ。しかしこの「あたりまえ」には，一種の不思議な印象すら受ける。次節でみるように，カレーが日本に紹介されて以来まだ150年ほどの時間しか経ていないにもかかわらず，「大衆」とか「国民」といった言葉が付与されるまでに普及している状況にむしろ驚いてしまう。しかしこの驚きをさらに一歩進めて，カレーについて思考をめぐらしていくと，とりもなおさず日本の近代史を検討するうえでのさまざまな論点を提供してくれることが確認されるだろう。

本章ではカレーの近代史を振り返るなかで，カレーが日本で西洋料理として受容され，浸透していく過程において，同時代の世界史と密接に関連する一面をもつことを，現在なお地域で愛されるカレーを提供し続ける二つの店舗を事例に示したい。

2 カレーと「モダン」

まずは，カレーが日本に紹介されていく過程を素描しておきたい[6]。「カレー」の文字が資料に表れた最も古い事例は，福沢諭吉（1835-1901）が1860（万延元）年に出版した『増訂 華英通語』であるとされ，カレー体験としては山川健次郎（1854-1931）が1870（明治3）年にアメリカへ渡る船内で出された食事

---

5) 算出年度は2014年。「純カレー」と「即席カレー」の統計を使用した総人口あたりの計算となる（S&Bカレー.COM「カレーQ&A」〈http://www.sbcurry.com/faq/faq-463/（最終閲覧日：2017年2月27日）〉より）。また全日本カレー工業協同組合による計算（2010年）では，1か月に約4皿（カレールウ，レトルトカレー，それ以外（手作りなど）のカレー）の割合で消費されるという〈http://www.curry.or.jp/whats/number.html（最終閲覧日：2017年2月27日）〉。エスビー食品の調べとは多少数字に開きはあるが，ここではカレーが平均週1度ほど消費される事実を示せれば良しとする。

や，岩倉使節団が 1873（明治 6）年にセイロン島（現スリランカ）で実見した記録がみられるが，料理法とともに紹介された最古の事例は 1872（明治 5）年の『西洋料理指南』および『西洋料理通』であるという[7]。その書名に「西洋料理」とあるように，カレーは「西洋」の記号（当時は主としてイギリス）とともに紹介されている。1872（明治 5）年，日本初の西洋料理店といわれる「精養軒」のライバル店で，築地にあった「三河屋」の宣伝（1877（明治 10）年）にも「ライスカレー（12 銭 5 厘）」がみられるなど（森枝，2015：149），明治初期においてカレーは文明開化を表象する「モダン」な食べ物であった[8]。またこの前後の時期，軍隊ではすでにカレーライスを採用していることが，柴五郎（1859-1945）の記録からもうかがえる（柴・石光，1971：103）。柴は 1873（明治 6）年に陸軍幼年学校に入学するが，その頃にカレーライスと出会っている。さらに 1876（明治 9）年に開校した札幌農学校では本科学生はみな寄宿舎生活を送っていたが，そこではかのクラーク博士の発案によってカレーライスが提供されていたという（1881（明治 14）年以降）（小菅，2013：77-81）。

　これ以降も，『婦女雑誌』や『女鑑』といったおもに女性向けの雑誌や各種西洋料理本によってカレーは紹介され続けるが，そのような媒体の特性や材料の調達などを考えれば，総じて上流階層向けのアナウンスであったといえる。それがようやく大衆化したのは明治も終わりの頃からであり，大阪の「大和屋」（現ハチ食品）による国産初のカレー粉（蜂カレー）の販売（1905（明治 38）年）や，「西洋野菜」として認識されていたニンジン・タマネギ・ジャガイモと

---

6) 以下の記述はとくに断らない限り小菅（2013）によるが，ページ数は省略する。また，日本におけるカレーの歴史を年表化したものとしてハウス食品株式会社ホームページ「カレーの日本史 明治時代」も参考となる〈http://housefoods.jp/data/curryhouse/know/world/j_history02.html（最終閲覧日：2017 年 8 月 13 日）〉。

7) それぞれの作者は『西洋料理指南』が敬学堂主人，『西洋料理通』が仮名垣魯文。両著作とも前後編の 2 冊本で，前者と後者（後編のみ）は「国会デジタルコレクション」〈http://dl.ndl.go.jp/〉にて全文が閲覧可能。

8) カレーを初めて料理として提供した店は（東京）風月堂との説もあり，同社ホームページには「明治 10 年」に「フランス料理を開業，カレーライス，オムレツ，ビフテキ等を 8 銭均一で売る」とある。東京風月堂ホームページ「風月堂の歴史」「沿革」〈http://www.tokyo-fugetsudo.co.jp/gaiyou/ENKAKU.html（最終閲覧日：2017 年 8 月 13 日）〉。

いった具材の国産化が普及するなど，カレーを作るための原材料が国内でまかなえるようになった時期にあたる。つづく大正期には「大和屋」以外にもカレー粉を販売するメーカーが続々と登場し[9]，料理教室の教材としてカレーが登場するなど，家庭料理としても作られるようになる。その一方，高級レストラン以外にもカレーを提供する食堂が増え，東京や横浜以外の地方でも食されるほどに，カレーは日本社会に浸透していった（森枝, 2015：194-204）。

3 カレーと「ロマン」

カレーが上流階層から大衆へと浸透していく過程で，それを提供する洋食屋や喫茶店がさまざまなかたちで出現することになるが，ここでは創業から現在まで，地域で愛され続けるカレーを提供する神保町の「共栄堂」と新宿の「中村屋」を取り上げたい。

1）共栄堂：伊藤友治郎と「南洋」の味

「共栄堂」は1924（大正13）年に創業し，「カレーの街」として知られる神保町で最も古いカレー専門店といわれるが，ここで提供されるカレーは「スマトラカレー」と銘打たれている。その理由について，以下に同店の説明を引用しよう。

> 共栄堂の歴史
> 明治の末，行き詰まった日本から脱出して南方雄飛を志した長野県伊那の伊藤友治郎は，広く東南アジアに遊び知見を広めて，南洋年鑑を著わす等，南方の風俗を紹介，通商貿易に大いに貢献しました。彼の地の風物を愛した氏は，大正の末，京橋南槇町今の東京駅近くに「カフェ南国」という，当時としては斬新なカレー，コーヒーの店を開きましたが，関東大震災のため瓦解しました。氏よりスマトラ島のカレーの作り方を教わり，私共の口

---

[9] そのうちの1社に，エスビー食品の前身「日賀志屋」（1923（大正12）年の創業）がある。

に合う様アレンジしたものが，共栄堂のカレーでございます[10]。

「スマトラカレー」は伊藤友治郎（1872-1953）なる人物により伝授されたというが，伊藤は「カフェ南国」だけではなく「南洋物産館」や「南洋専修学校」も経営する，南洋通として知られる事業者であった[11]。彼の経歴をみることは，同時に，明治期以降の日本人の「南方関与」についても振り返ることになる[12]。

伊藤は1872（明治5）年に現在の長野県伊那市高遠町長藤板山に生まれ，上京して明治法律学校（明治大学の前身，中退）に学んだあとは横浜を中心に新聞記者を務めるかたわら，労働運動や廃娼運動にも関わっていた。政府批判を公然とおこない，労働運動から社会主義に関心を深め，片山潜（1859-1933）や堺利彦（1871-1933）らと演説会などを開催するなかで，著作が発禁処分となり

図2-1 「共栄堂」のスマトラカレー（ポーク）

10）共栄堂ホームページ「About us」〈http://www.kyoueidoo.com/aboutus/aboutus.html（最終閲覧日：2017年8月14日）〉。なお，同店は「日本で唯一のスマトラカレー」と述べるものの，スマトラカレーを提供する店舗には新橋に居を構える「スマトラ」もある。筆者の聴き取りからは，同店は1942（昭和17）年の創業，材料は国産を用いるものの，カレーの作り方からスマトラカレーを名乗るという。

11）伊藤の経歴については，主著である『南洋年鑑』全4巻の復刻版第1巻の解説（青木澄夫）による（伊藤，2011：1-10）。ページ数は省略する。

12）「南方関与」という表現は矢野（1975）によっている。この用語は第2次世界大戦時にまつわる侵略主義，植民地主義的な意味の色濃い「南進」と区別するために設定されたもので，「日本人の南方との自然な関わりの総体を「南方関与」」（矢野，1975：7）と定義する矢野の見解は妥当だと判断する。また本章では，「南洋」と「南方関与」を文脈によって同じものとして扱ってもいる。

罰金を科されたほか，官吏侮辱罪などの前科 12 犯に処される。そのため活動の場を海外に求めていくが，日露戦争前後の時期にまず韓国に渡り，満州では南満州鉄道の経営を批判する新聞（『長春新報』）を主宰するなどしたため，当局からは危険人物と目され帰国命令が出されている。伊藤と南洋との関わりは，1909（明治 42）年のシンガポールへの渡航から始まる。同地においても新聞（『星嘉坡日報』）を刊行するが，1911（明治 44）年にはマレーシアやビルマで錫開発業にも乗りだしている。1914（大正 3）年にはシンガポールやマレーシア，インドネシアなどの風物や同地の日本人を紹介した『南洋群島写真画帖―附南洋事情』（1914 年）を出版し，以降もビルマやシャム，マレー半島の鉱業調査に赴くなど現地と日本を行き来し，1920（大正 7）年には『南洋年鑑―附興信録』を刊行するなど，南洋の紹介につとめていく。

　このように伊藤の国内外を股にかける活動は多岐にわたるが，「南方関与」という文脈では 1887（明治 20）年前後から当時の日本ではすでに多くの関心が示されていた。その一部を概観するだけでも，横尾東作（1839-1903），杉浦重剛（1855-1924），志賀重昂（1863-1927），福本日南（1857-1921），菅沼貞風（1865-89）といったジャーナリストや著述家などの主張から，小宮天香『聯島大王』（1888-89（明治 20-21）年）や矢野龍渓『浮城物語』（1890（明治 23）年）の文学作品まで，当時の国権の拡張意識や冒険物語的な表象など，国内が抱え込むさまざまな問題を反転または仮託するかたちで南洋について論じられている[13]。そのような視線には「探険・冒険をともなう異国事情の紹介を兼ねた，ロマンティシズムを含む素朴な南洋への関心」（早瀬, 1996：23）が込められており，「密林に猛獣や野鳥どもが横行し，黒い首狩り人種が住む野蛮地域［…］たくさんの貴重な資源が開発されないまま眠って」（矢野, 1975：195）いる地域といった，観念的とも楽観的ともいえるようなイメージを含むものとして南洋は語られていたのであった。

　伊藤の「南方関与」もこうした視線や言説の圏内にあることはもちろんだが[14]，それでも事業者として常に実践をともなう彼の活動は，具体的な見聞や報告に支えられているだけに資料的な価値も大きい。少なくとも，先の「南洋物産館」

13）これらに関しては，矢野（1979），広瀬（1997），表（2001）などを参照。

(1921年)や「南洋専修学校」(1923年)を設立して,現地の物産の売買や人材教育による移民奨励などに従事した彼によって「スマトラカレー」はもたらされたのである。南洋帰りの産物としての「スマトラカレー」は関東大震災を機に「共栄堂」に伝授されて今に至るが,その来歴を考えるとき,そこには「ロマン」としての「南洋(南方関与)」の歴史を読み込むことができる。

2) 中村屋:「恋と革命の味」

「中村屋」が,相馬愛蔵(1870-1954)と相馬黒光(1876-1955)によって新宿の地に出店されたのは1907(明治40)年12月15日だが,純インド式の「カリー・ライス」がメニューとして提供されはじめたのは,同店に喫茶部が開設された1927(昭和2)年6月12日からとなる[15]。この「カリー・ライス」を「中村屋」に伝えたのは,インド独立運動家で当時日本に亡命中であったラース・ビハーリー・ボース(1886-1945)である[16]。ボースの生まれた時代のインドはイギリスの植民地支配を受けていたが,彼は「ハーディング総督爆殺未遂事件」(1912年)の首謀者であるなど,独立運動の過激派として指名手配を受ける。イギリス側より多額の懸賞金を賭けられたボースは,武力革命のための武器と資金の調達も含めて1915(大正4)年6月に日本へ亡命する。しかし当時の日本とイギリスは同盟関係(日英同盟)にあったため,同年末にはイギリスの圧力によって日本の外務省はボースに国外退去命令を下す。このため,政府の対応を弱腰外交とし,ボースを匿おうとする人びとが現れる。その直接的な担い手が頭山満(1855-1944)をはじめとする「玄洋社」・「黒龍会」のアジア主

---

14) 伊藤による「南方関与」関連の発言は,伊藤(1927, 1928, 1933a, 1933b)などを参照のこと。「南方関与」と戦争との関連については,歴史学的な視点からの研究として河西(2012)が参考となる。

15) 中村屋の創業自体は1901(明治34)年12月に,現在の東京大学(本郷)正門前にあったパン販売店「中村屋」を相馬夫婦が買い取った時点となる。1907(明治40)年に新宿へ支店を出し,現在地には1909(明治42)年に移転する。以後の記述はとくに断らないかぎり相馬(1938)および相馬(1999)による。ページ数は省略する。また,「カリー・ライス」の表記は「カリーライス」とも「インドカリー」とも論者や文脈により一定しないが,ここでは相馬(1938)によって「カリー・ライス」と記す。

16) ボースの経歴については,とくに断らない限り中島(2012)による。ページ数は省略する。

義者たちだが，彼らボースの支援者たちには，イギリス（白人）支配に対抗してアジアを解放していこうとする当時の「ロマン」な心情を読み取ることができる。そこまで明確なアジア主義者ならずとも，政府の対応に義憤を感じる人びとは多かったというが，そのうちの1人で，ボースに隠れ家を提供したのが「中村屋」の相馬夫妻であった。「中村屋」に匿われたボースは，その逃避行を献身的に支えた相馬夫妻の長女・俊子と結婚して2人の子どもをもうけたのちに日本に帰化すると，その後は国外からインドの独立運動に貢献することになる（国外退去命令は翌年に撤回される）[17]。

以上の経緯から「中村屋」とボースは縁戚関係となったが，「中村屋」が1923（大正12）年4月に株式会社に改組した際，ボースは主要な株主になるとともに取締役に就任する。その頃にはすでに新宿の人気店として繁盛していた同店は，1925（大正14）年に「三越」が新宿に進出してきたことで売上げを落としていたが，その打開策の一つが喫茶部の開設であった。このときボースによって提案されたものが「カリー・ライス」であり，そこには次のような動機が含まれている。

> 現在世間でライス・カレーと称して行われているものは，もとは印度から出て世界中に広まったものだが，日本では次第に安い材料を用いるようになり，今では経済料理の一種としてひどく下等になっている。印度貴族の食するカリー・ライスは決してあんなものではない（相馬，1938：115-116）[18]。

「純印度の上品な趣味好尚を味わってもらうために自分はぜひ印度のカリー・ライスを紹介したい」（相馬，1938：115）と，祖国と日本のカレーを「上品／下等」と区別するボースの認識には，当時の日本社会にカレーが浸透していたことを逆に教えてくれている。

「中村屋」のカレーは日本人の舌に合うように改良を加えられつつボースのレシピに則ったものだが，お米は江戸時代の高級米であった「白目米」を農家

17）ボースの逃避行と中村屋の関わりについての詳細は，相馬（1999）を参照のこと。
18）引用に際しては新字体・現代仮名遣いに改めた。

図 2-2 「中村屋」のチキンカリー

に特注し，鶏肉は飼育場を山梨県（後に千葉に移転）に設けて本格的に肥育したものを使用するなどたいへんに手間をかけたものだった。そのため「カリー・ライス」は一杯80銭（一般的なカレーは12, 3銭）という高額となったが連日飛ぶように売れ，それもあずかって1928（昭和3）年の売上げは「三越」が開店した時の「優に二倍を超過」（相馬, 1938：114）した。この「カリー・ライス」を食することは富裕層や文化人たちのステイタス・シンボルとさえなったが，客たちはボースの逃避行や俊子とのロマンスについて盛んに語り合ったという（中島, 2012：177）。そのため，「中村屋」は「カリー・ライス」の発売日である6月12日を現在では「恋と革命のインドカリーの日」と定めているが[19]，「カリー・ライス」はイギリス（白人）の支配に対抗したインドの独立運動を支援する人びとの「ロマン」だけではなく，ボースと俊子の「ロマンス」もスパイスされたカレーとして語り継がれているわけである[20]。

4 結びにかえて

ここまで，明治以降の世界史と絡めてカレーをみていく視点をとってきたが，「フードビジネスと地域」のテーマを掲げる本書の論点に引きつけてみれば次のようなこともいえるだろう。つまり，カレーは「神保町」や「新宿」といっ

---

19) 中村屋ホームページ〈https://www.nakamuraya.co.jp/curry.html（最終閲覧日：2017年8月17日）〉

た局所的な,街場の発展のなかでもつ固有の歴史や意味合いも当然に認められるものの,それは一地域にとどまらず,同時代の世界史的な動向のなかでももたらされた「モダン」で「ロマン」な「食」として考えることが可能なのである。それは地域(=ローカル)を越えたグローバルなものとして入ってきたものが(当時のイギリスは大英帝国とも呼ばれ国際社会に君臨していたことを想起しておこう),「日本」や「神保町」「新宿」といったローカルな範疇で改変されつつ定着していく過程でもある,ということだ。

さらに,本章で扱った「ロマン」という視点にも改めて注意を向ける必要はある。これまで扱ってきた事例にみてきた「ロマン」についても,「南洋(南方関与)」=未開地への進出やアジア主義という「ロマン」と,恋愛=ロマンスとしての「ロマン」とでは,それぞれが含むベクトルに多少の違いが認められる。その点は,「ロマン」というある意味では普遍的,超歴史的な概念や思想といったものが,どういった文脈において,どのような面が強く表出してくるのかという違いだとも言い換えられよう。この点を最後に少しだけ敷衍すれば,同時代の潮流からこれらの「ロマン」を眺めるときには,当時の(帝国主義や植民地主義的な)グローバルパワーへの抵抗や対抗といった,オルタナティブを求める志向を読み込むことも可能だ。「共栄堂」と「中村屋」にカレーをもたらした伊藤にせよボースにせよ,カレーの紹介は彼らの活動や主張の一部であり,彼らは引き続き「南洋」や「独立運動」に関わるなかで,日本やアジアのナショナリズムを下支えする活動に従事していくのである[21]。本章では「モダン」と「ロマン」の結びつきを,カレーを通して再考することを試みたが,当時の世界史下における思潮(ロマン主義とナショナリズムの交差する地点など)を,カレーの受容を通してうかがうこともできるのだ。

以上,大づかみな視点をとってきたため,「神保町」や「新宿」といった各街

---

20) なお「カレー」ではなく「カリー」との呼称には,「ボースにとって,本格的な「インドカリー」を日本人の間に広めることは,イギリス人によって植民地化されたインドの食文化を,自らの手に取り戻そうとする反植民地闘争の一環であった」「中村屋が本格的なインド料理にこだわっていることを表していると共に,このメニューの存在自体がイギリスのインド支配に対する痛烈な批判をも含みこんでいたことを表している」(中島, 2012:176)との見解がある。

場に合わせたよりミクロな歴史のなかでカレーが果たしてきた役割や位置，あるいは，カレーを用いた各事業者の商品・経営戦略的な点などについては，残念ながら詳細にみることはできなかった。しかしカレーがすでに「大衆」や「国民」的な食べものであればこそ，私たち一人ひとりは身近にあるカレーを通して思考をめぐらせていく機会に恵まれているともいえる。普段なにげなく口に入れているカレーにはたしかに多くの物語が潜んでいたし，ここで取り上げた以外にもいろいろな物語を発見することができるだろう。そしてこれからも，新しい物語は生まれてくるに違いない。もちろんカレーに限らず，あたりまえすぎていつもは見過ごしてしまっている身近な食べものや店舗などについて興味を向けてみれば，そこには意外な歴史（＝物語）が潜んでいるかもしれない[22]。

---

21) 伊藤の「南方関与」には，これからの日本が投資すべき場所は南洋より外にはなく，その南洋は今日の文明を維持する資源であるといった，植民地主義的な視線がみられることは本文中に少し触れた。それに加え，英米などの帝国が進出する南洋には「権衡を保つに於て大に日本が入つて呉れなければ困ると言つて居る」（伊藤，1928：485）など，あたかも南洋を代弁するような口ぶりで帝国主義的な言説を示しもする。このような文脈において，「緬甸〔筆者注：ビルマ，現ミャンマー〕の奥の方では「カレー」の原料の如きは土人の子供を使つて掘らせると一時間に馬一駄位直ぐ掘れる」（伊藤，1928：491）と，カレーに触れていることに注意しておきたい。一方のボースは，彼を支援した頭山満や玄洋社人脈との関係から，彼らが創立を支援した「国士舘」（当時は私塾）で英語を教えたり，その夏期講習ではアジアやインドについての講演を行うほか（国士舘百年史編纂委員会専門委員会，2015：183, 223-235），たとえば1937（昭和12）年に出版した『青年亜細亜の勝利』では，西洋と東洋（またはアジア）を対置させ，前者を「人間を滅ぼす文明」，後者を「建設」「人間を幸福にするものは建設」（ボース，1937：67-68）など，東洋・アジアに重きを置いた主張が一貫している。伊藤，ボースともに，当時のグローバルパワーへの対抗言説としてのナショナリズムを展開していく。
22) あまりに日常的すぎて見過ごしていた飲食の風景について，それが知らないうちに私たちの視界から消えつつあるからこそ，再発見していこうとする動きが生ずることもある。そのような動機から「町なかの中華料理屋（「町中華」）」を探索する北尾トロたちの報告（町中華探検隊，2016）は，（カレーライスが取り上げられているわけではないものの）一読の価値があるだろう。

【文　献】

伊藤友治郎（1927）．『この経済的危機に直面して―移植民政策の確立を宣す』南洋専修学校出版部
伊藤友治郎（1928）．「南洋の経済的地位」『醫科器械學雜誌』5(10), 473-494.
伊藤友治郎（1933a）．『南洋旅行案内』南洋専修学校出版部
伊藤友治郎（1933b）．「南洋への進出はこれからだ」『実業の日本』36(5), 59-62.
伊藤友治郎（2011）．『20世紀日本のアジア関係重要研究資料2 復刻版 南洋年鑑・第1巻』（全4巻）龍渓書舎（原本：1920年）
河西晃祐（2012）．『帝国日本の拡張と崩壊―「大東亜共栄圏」への歴史的展開』法政大学出版局
国士舘百年史編纂委員会専門委員会（2015）．『国士舘百年史　史料編　上』国士舘
小菅桂子（2013）．『カレーライスの誕生』講談社
柴　五郎・石光真人［編］（1971）．『ある明治人の記録―会津人柴五郎の遺書』中央公論社
相馬愛蔵（1938）．『一商人として―所信と體驗』岩波書店
相馬黒光（1999）．『黙移―相馬黒光自伝』平凡社（原本：1936年）
中島岳志（2012）．『中村屋のボース―インド独立運動と近代日本のアジア主義』白水社
早瀬晋三（1996）．「フィリピンをめぐる明治期「南進論」と「大東亜共栄圏」」『重点領域研究総合的地域研究成果報告書シリーズ 総合的地域研究の手法確立―世界と地域の共存のパラダイムを求めて』27, 23-36.
表　世晩（2001）．「明治20年代の「南進論」を越えて―矢野龍渓『浮城物語』の国際感覚」『国文論叢』30, 50-62.
広瀬玲子（1997）．「明治中期の南進論とアジア主義―菅沼貞風と福本日南を中心に」『北海道情報大学紀要』8(2), 23-39.
ボース, R. B.（1937）．『青年亜細亜の勝利』平凡社
町中華探検隊（2016）．『町中華とはなんだ―昭和の味を食べに行こう』リットーミュージック
森枝卓士（2015）．『カレーライスと日本人』講談社
矢野　暢（1975）．『「南進」の系譜』中央公論社
矢野　暢（1979）．『日本の南洋史観』中央公論社

第3章
現代中国の旅と食
屋台事情から考える

楊　爽

　中国の屋台文化は北宋の時代から始まり都市文化の一部を形成しており，重要な観光資源となっている。とくに現代の中国社会において屋台は，都市空間に現れる臨時的な「場」であり，独特な都市の風景を構成している。

　鄭州のサブタウンである開封は，鄭州の発展とともに姿を変えてきたが，その変化は都市における屋台文化にも認められる。都市化の進展にともない，屋台への規制が増していくなかで，「屋台文化」ともいえる風情が徐々に失われていくことも看過できない。これまで屋台で流行っていた食べ物が，近年ではショッピングモールや百貨店でも商品として提供されるようになったことも，新しい現象として注目される。また，近年の携帯電話やスマートフォンを用いた支払い方法の普及や，それと連動する出前販売の流行なども，屋台ビジネスの新しい可能性を示唆しているといえる。本章では，中国屋台の発祥地といわれる開封市の「夜市(イェシ)」を事例として取り上げながら，観光資源としての屋台の変化やそれが抱える問題点について論じていく。

1 はじめに

　鉄道などの交通網の整備を前提に発達した観光産業は，多くの人びとの移動を惹起し，他の産業と連携しながら各地の地域経済に多大な貢献をなしている。いうまでもなく地域経済の活性化は，近年では行政担当者にとって大きな課題ではあるが，とくに観光資源としての「食」に対する関心の高まりは，なにも日本に限った現象ではない。本章でおもに扱うことになる中国においてもそれは同様である。

　日本では，いわゆる「B級グルメ」ブームなどが一例となりうるように，「食」と「地域」が結びつく事例はさまざまなかたちで散見される。そのなかでも2002年に開店した「八戸屋台村」や，2001年に開店した「北の屋台」（北海道帯広市）など，さらには福岡市天神地区の屋台などの繁栄は，食文化の一要素である「屋台」が観光資源となる可能性を示している。

　近年の日本の屋台は1990年代に衰退期を経たのち，2000年以降，次第に復活してきたのに対して（八尋, 2008），北宋の時代から始まった中国の屋台文化は都市文化の一部を形成しており，すでに重要な観光資源となっている。以下では，中国屋台の発祥地といわれる開封市の事例を取り上げながら，観光資源としての屋台の変化やそれが抱える問題点について論じていく。なお，本章ではおもに夜間営業の屋台を取り上げ，それが立ち並ぶ中国の「夜市」（イェシ）（本書ではとくに飲食型の「夜市」）を考察の対象とする。

2 開封の屋台の歴史

　北宋時代の中国における商業の隆盛は唐王朝の文化的蓄積に依拠するものだが，その状況は張択端（生没年不詳）の『清明上河図』にうかがうことができる。この『清明上河図』は当時の都であり，「東京」（ドンジン）や「汴京」（ビェンジン）とも呼ばれた開封の様子を詳細に描写したものである。図3-1はその一部だが，左上には道端で食べ物を売る商人の姿があり，その隣には，籠を販売する人がいる。この様子は，後世における屋台の雛形といえるものであろう。

　孟元老（生没年不詳）は『東京夢華録』において，開封の飲食業の発達およ

第 3 章　現代中国の旅と食　33

図 3-1　『清明上河図』（一部）[1]

び「夜市」の盛況について詳述している。「三更」（夜 11 時から翌朝 1 時まで）の時間帯に営業をつづけた北宋の「夜市」では，全国各地の 280 種類以上の食物が販売されていた。ちなみに「夜市」は「州橋夜市」や「馬行街夜市」をはじめとして，いくつかのエリアに集中していたという。

　長い歴史をもつ開封の「夜市」だが，1985 年以降には市による規制が設定されるようになった。とくに 90 年代にはいると開封は観光都市として再開発され，都市環境が整備されるようになる。そのような状況のなかで，伝統的な「夜市」も観光資源として再定義され，町中に散在していた屋台を指定のエリアに集めるようになったのである。

　たとえば 1995 年に営業許可を公式に取得した大規模な「夜市」は全部で 17 か所ある（劉，2016）。それは鼓楼夜市，相国寺夜市，学院門夜市，西司夜市，東司門夜市，西門外夜市，大南門夜市，三里堡夜市，五座楼夜市，鉄北街夜市，汴京公園夜市，宋門外夜市，東城市場夜市，新街口夜市，北道門夜市，曹門関夜市，臥龍街北口夜市といった具合だが，なかでも鼓楼夜市，相国寺夜市，学院門夜市，西司夜市などがそうであるように，観光スポットの近くにあるものが多い。なお，このような「夜市」の整備によって，開封の屋台観光は国内外に知られるようになっていった。

---

1) http://xw.qq.com/iphone/m/category/b270812d6bef5132ed55709ba0c9e2d3.html（最終閲覧日：2017 年 9 月 17 日）

そもそも屋台とは都市空間に常設されるものではなく，歩行者優先の商店街や大通りの交差点など，人口密度の高い場所にそのつど現れるものである。また屋外販売であるため，電気系統やゴミ・廃水処理，駐車場など，それによって多様な社会問題が発生する可能性がある。よりよく「夜市」を発展させるために，開封市は2003年，新たに鼓楼周辺に対する規制を開始している。さらに翌年には，北京の「東華門夜市（ドンフアメン）」の実地調査を実施し，その管理方法にならった「開封市夜市管理暫行辦法」を8月に公布した。その後は，2014年の「全国衛生文明城市」に指定されることを目標に掲げて，2010年〜2013年のあいだに鼓楼夜市の移転事業をおこない，「開封市鼓楼観光夜市管理辦法」を公布し，さらに「夜市攤位設置及規範管理標準（試行）」を定めることにより，「夜市」の開店や閉店の時間などを明確に規定するようになったのである。

　立地や法制度を整備する以外にも，観光客を誘致するためにはテレビ，ラジオ，新聞やインターネットなど，各種メディアの活用が重要となるが，2014年の段階でCCTV（中央電視台）の「舌尖上的中国（シャジェンシァンダジョングオ）」というグルメ番組に取り上げられたことで，開封の知名度がさらに高まった。また「携程網（シェチャンワン）」「去哪儿網（チュイナァルワン）」など，中国で有名な旅行ウェブサイトには，各種観光ツアーのほか，観光地の交通，美食，各スポットの紹介文も掲載されている。歴史的な遺跡や建造物以外にも，開封の「夜市」が必ず掲載されていることは，もはや開封の観光資源として「夜市」が不可欠であることを示唆している。

　図3-2は，中国の検索エンジン「百度（バイドゥ）」の旅行サイトに掲載された開封エリアの観光マップである。ここでは番号によって有名な観光スポットが示されると同時に，鼓楼，武夷（ウーイー），西司，珠玑巷（ジュジシャン），学院门の夜市がグルメスポットとして示されている。

　鼓楼夜市のエリアは鼓楼，大相国寺，開封府（カイフンフ）などの観光スポットまで広がり，その近くにある学院門夜市はイスラム教徒[2]の営業する屋台が多く，観光客のもつ多様なニーズに対応している。西司夜市は「包公祠（バオゴンツ）」周辺を，武夷夜市と珠玑巷夜市は「清明上河園」と「龍亭（ロンティン）」一帯を商圏におさめている。また，珠

---

[2] イスラム教徒である回族の人びとは，宗教的な食物規定により豚肉を使用した食品を食べないことから，その夜市には豚肉料理が存在しない。

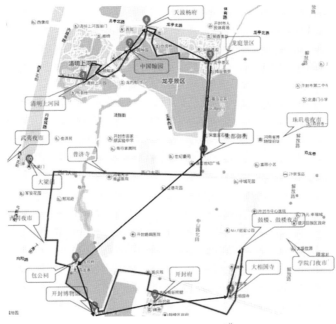

図3-2 開封の観光マップ[3]

玞巷夜市は鼓楼あたりまで伸びている。このように，開封は北の龍亭観光エリア，南の開封府観光エリア，西の武夷門夜市および東の珠玞巷夜市と，観光スポットと夜市がワンセットとなっている。以上で挙げた場所以外にも「夜市」はまだ多くみられるが，基本的にはこのエリア内に集中している。このように，観光スポットと連動した屋台という組み合わせはビジネス効果も大きく，観光産業を経済発展の柱とする開封は，2016年における経済成長率が地域でトップとなった。次節では開封の代表的な「夜市」をいくつか紹介し，その観光「夜市」のパターンを分析してみたい。

---

3) https://gl.baidu.com/view/d827c4e033687e21ae45a90a（最終閲覧日：2017年9月17日）

3 開封のさまざまな「夜市」

1)「鼓楼夜市」：観光とレトロな装い

「鼓楼」は鐘や太鼓を置くための建造物として，1379（明代・洪武12）年に建てられた。1948年には戦火により廃墟となるが，1976年，元の場所に「鼓楼広場」が設置された。鼓楼夜市は，1980年代から鼓楼広場を中心として，南北に1kmほど広がった。南は歩行者優先の商店街，北は書店街という，古代建築をまねた商店街である。しかし東西が大通りであるため交通の妨げとなり，屋台が自然発生的に集中したため鼓楼夜市には統一感が欠けていた。事業者たちは各自の利益だけを考え，悪徳商法もたびたびみられるなど，中国の十大夜市には数えられるものの，高い評価を受けることはなかった。

その後，2003年には鼓楼周辺の再開発がはじまり，「夜市」問題の解決が目指された。開封市は鼓楼夜市のために新たな場所を選定し，移転をすすめようとする。その後，旧・鼓楼夜市の近くに「鼓楼食坊（シフォン）」という新しい夜市が設置されたが，移転と平行して鼓楼の再建もすすめられ，2013年に完成を迎えた。それと同時に鼓楼商店街の整備も終わり，東の書店街，南の相国寺とあわせて

図3-3　移転前の鼓楼夜市[4]

---

4) http://www.hnr.cn/news/sd/201204/t20120416_71554.html（最終閲覧日：2017年9月17日）

一連の古風建築群が連なる，新しい観光スポットが誕生したのである。旧・鼓楼夜市は「鼓楼食坊」に移り，従来の「夜市」とは一線を画するものになった。

この「鼓楼食坊」は，政府と民間資本が共同運営する飲食，観光および舞台演出を含めた歩行者専用のレジャー施設である。駐車場，消防施設，専用の上下水道，電気が完備し，舞台なども設置されている。建築面積は8万m^2，そのなかには300の屋台を設置しており，最大で3,000人を同時に収容できる空間である。「鼓楼食坊」は，現在では旧・鼓楼夜市の名前をそのまま引き継ぎ，新・鼓楼夜市として名称変更されている。「鼓楼夜市」という名前は，地域にとってシンボル的な意味合いをもつためである。

図3-4は移転後の鼓楼夜市だが，高い屋根がある建物は再建した鼓楼である。夜市は鼓楼の両側，道路沿いに分布している。昼は伝統的な舞台演出があり，屋台は夜だけ出店している。また，従業者の服装（帽子，上半身：白，下半身：黒）や台車は統一されており，それぞれ古風なものとなっている。近くには「大宋戯楼」があり，地元の戯曲を鑑賞できる。町並みから雰囲気までをレトロにデザインすることが鼓楼エリアのポイントであり，五感で観光を楽しむ仕掛けが施されている。公有地で営業していた従来の鼓楼夜市は道路占有や衛生問

図3-4　移転後の鼓楼夜市 [5]

---

5) http://www.mafengwo.cn/photo/poi/31163_17902005.html（最終覧日：2017年9月18日）

題などによって交通を妨げていたが,「鼓楼食坊」の設置は屋台の営業場所を指定し,規制するものだといえる。

2)「武夷夜市」:鄭州のサブタウン化のなかで

鼓楼夜市と比べると,「武夷夜市」の歴史は浅い。2004年,開封西部に散在していた屋台を整理し,武夷路の両側に集めて武夷夜市と命名した。鼓楼夜市と同じように,台車や服装は統一されている。鼓楼より規模が小さいものの,かつては120軒以上の屋台が並ぶ,開封西部で最大規模を誇る「夜市」であった。

図3-5は武夷夜市の門だが,その両脇に「対聯」がみえる。そこには「古城の美食を味わって,大宋文化を体験する(嘗古城美食　品大宋文化)」と書かれている。「夜市」を観光資源とする認識はここでも確認することができる。

ここで見落とすことができないのは,武夷夜市の設置が政府の開発計画と深く関わっている点である。開封が河南省の省都である鄭州に近いこともあり,河南省は2003年に「鄭汴一体化ジョンビョンイーティホァ」を提唱しはじめた。ここでの「一体化」には,開封を鄭州のサブタウンにするという意味合いが含まれている。「鄭汴一体化」をきっかけとして開封は一連の都市改造をおこなったが,既述の「夜市」の整理もその一環といえる。とくに西部の武夷路周辺は,鄭州と境を接するた

図3-5　移転前の武夷夜市[6]

---

6) http://info.tengzhou.gov.cn/tzszfgkml/newsy/szbm/201211/t20121128_2402140.htm
（最終閲覧日：2017年9月18日）

め「開封新区(シンチュ)」として位置づけられており，武夷夜市が設置された当初から市の管理下にある。

　また2006年には，鄭州と開封を直結する「鄭汴大道(ダァドゥ)」という高速道路が開通し，あわせてバスの運行も開始された。それ以降，開封の「夜市」で食事をしてから，バスに1時間ほど乗って鄭州に戻ることは新しいライフスタイルの一つとなった。さらに2014年には鄭州‐開封間に「高鉄」（日本でいう新幹線）が開通し，片道20分で往来できるようになった。開封の「夜市」にとって鄭州からの移動時間が短縮されたことの効果は，単に観光客の増加のみにとどまらない。2013年には「鄭州航空港経済総合実験区（zhengzhou airport economy zone）」の設置許可を国から得て，その後2016年には鄭州で「中国河南自由貿易試験区（china he'nan pilot free trade zone）」が設置されている。また同年には「中原城市群発展規画」も公布され，鄭州の中心都市としての地位が明確化された。従来から航空便だけでなく鉄道網のハブでもある鄭州は，現在では「「米」字の高鉄線路」の交差点として位置づけられている。

　鄭州のサブタウンである開封は観光を主要な産業とするため，鄭州の発展を観光業に活かすことは重要となる。武夷夜市の設置に際しては，武夷路（道路）に夜市の出店許可を得て，そのエリアの使用期間は2017年6月までとされた。また2017年7月末までに，宋城路駅近くへの移転が終わり，武夷夜市は「宋(ソン)城(チャンシャチイーティアジェ) 小吃一条街」と命名された。この宋城路駅は，鄭州からの高鉄の駅であり，鄭州の交通網を利用するには利便性の高い場所となる。今回の移転は武夷夜市にとって，さらなる発展のためのよい機会となるだろう。

3)「小宋城」：「夜市」のショッピングモール化

　2013年11月，清明上河園近くの「東京芸術中心」はその姿を改め，そのかわりに建築面積5万 m^2 の「小宋城」が出現した。この小宋城は西部，中部，東部の三つにエリア分けされている。西部の1, 2階は2万 m^2 の「民俗飲食商店街」[7]であり，3階は「特色文化商業区」[8]である。また，4階と5階には温泉，ホテル，映画館，カラオケ，バーなどの現代的な商業施設が入居している。中央部の1階は特色文化商業区であり，東部の1階から3階までは現代的なレジャー施設が入っている。このように小宋城は過去と現在，双方をそなえた観

図3-6 小宋城の古風な街並み[9]

光施設となっている。

「開封人のリビングルーム」「観光客のベストチョイス」、あるいは「開封の新しいシンボル」とも評される小宋城は古風な街並み、中国でいう「園林」の伝統的な姿によって形成されている（図3-6）。天上には青空や白雲の模様が描かれ、水路も完備されており、生活空間である「城」という名称にふさわしい。なお、飲食街と商店街とレジャー施設を一つの空間内におさめたことで、食べ歩きをしながら、開封の伝統的な刺繍である「汴繍」[10]や「木版年画」[11]などの鑑賞や購入をすることができる。また、室内での戯曲パフォーマンスは独特な雰囲気を醸している。宋文化を基礎とする小宋城は、観光客の滞在時間を最大

---

7)「民俗飲食商店街」で販売する食品は、開封当地のものだけではない。中国各地の代表的な食物を網羅しているこの飲食商店街は、各地の食文化を反映しているため、「民俗」と命名されている。
8)「特色文化商業区」では、開封および周辺地域の地方色の強い商品が販売されている。
9) http://www.dahebao.cn/news/getDetail?type=1&id=579816f15d46f242729730（最終閲覧日：2017年9月18日）
10) 汴繍は「宋繍（ソンシュ）」ともいい、北宋の技法を今に受け継ぐ木目の細かい刺繍であり、中国における有名な刺繍の一つである。
11) 年画とは、旧暦正月に部屋の門口や壁などに貼る絵画のことである。色彩は鮮やかなものが多く、厄除けや新年の吉祥を祈るために貼る。年画は、当初は木版であったが、現代では印刷物が中心となっている。開封の「朱仙鎮（ジュシェンジェン）」の木版年画は宋の時代からすでに有名であり、現在では木版年画の生産は減少しているが、朱仙鎮はその数少ない生産地の一つである。

限に延ばすことができ，開封の文化資源を活用した成功モデルとなっている。

　さて，小宋城の室内の飲食街は，開封の屋台の伝統を受け継いでいるが，従来の屋台や「夜市」とは別のものになっている。というのも，屋台が常設されており，そのため上下水道や電気などの問題はすべて解決されているのである。また，屋外の「夜市」とは異なり時間の制約もなくなった。営業は夜が中心だが，昼間も営業する屋台がある。しかも出店・閉店時間は先に触れた「夜市攤位設置及規範管理標準（試行）」に準拠する必要がなくなった。さらにホテルも完備しているため，客は夜遅くまでの滞在も可能である。

　小宋城にある屋台はすべて一つの管理会社のもとにある。各店舗の出店は公募でおこなわれており，管理会社の許可を取得するだけでよい。営業許可に関しては，管理会社が一括で取り扱うため，各店舗は自ら「工商行政管理局」[12]などの行政機関で許可をとる必要がなくなった。また，内装や衛生はすべて管理会社側の責任で，食材の一部は管理会社からまとめて購入する。各自が購入したものには会社の許可が必要となる。これによって食材の衛生と品質が保証されるようになった。

　客側の精算については，伝統的な「夜市」では各屋台で直接支払っていたが，小宋城では入口で購入した支払いカードを利用することになる。また，小宋城の屋台は従来のものとは異なり，ショッピングモールのシステムを採用しているともいえる。「一つの単位として計画，開発，所有，管理運営される営業・サービス施設の集合体で，駐車場を備えるもの」（蒲，2016：16）というショッピングモールの定義からすれば，多数の企業に関わるショッピングモールは，それら企業を一括して管理運営することが重要となる（三好，2016：43）。小宋城という大規模な商業施設のなかには，多種多様な業種が集積されていながら，一つの管理会社のもとにある。こういった一体的，一括的な管理はショッピングモールの経営手法によく似ている。換言すれば，小宋城はモール化された観光施設ともいえる。

---

12)「工商行政管理局」は，国務院の管理下に置かれる行政機関であり，国の政策や法律に沿って工・商業関連の各企業の運営を監督し，指導する機関である。

4）大学と「夜市」：河南大学周辺

中国の大学では，キャンパス近くに学生寮が設置されている。そのため，相当の客数が見込める大学の周辺には，自然発生的に商店が立ち並ぶことになる。なかでも，学生のニーズに応じた安くておいしい料理を提供する屋台は，大学の周辺に多い。

開封には，1902年に創立した河南大学がある。現在は二つのキャンパスをもつが，そのなかでも，とくに旧キャンパスの東門と西門にある「夜市」は有名である。旧キャンパスの西門には，大学職員の住宅が集中しており，また，西門の外には学生寮がある。さらにその近隣エリアは住宅街であるため，全体として人口密度が高い地域といえる。もともと屋台は「庶民的」な飲食形式であるが，その利便性や安さが庶民に好まれている理由である。また，その庶民的ともいえる特徴が，大学の周囲に「夜市」が形成されてきた理由でもある。鼓楼夜市などの大規模な「夜市」とは異なり，この河南大学の西門付近に展開された「夜市」は，学生や周辺住民のためのものだが，その庶民性によって近年では観光客にも知られるようになった。

100年あまりの歴史をもつ河南大学の旧キャンパスには，中国民国時期の建物が多く残されている。北エリアには1049年に作られた鉄塔があり，これは「天下第一塔」といわれる文化財である。そのため，河南大学はそれ自体が観光資源になっており，キャンパス外の「夜市」も自然と観光スポット化するようになった。

図3-7　河南大学西門夜市（2017年9月15日に撮影）

しかし他方で，都市環境の整備によって，大学西門の「夜市」も新しくなりつつある。屋台の出店エリアは限定され，道路での出店は禁止された。また，道路の両側に並ぶ台車は統一されたが，上下水道や消防施設などの整備にはまだ時間が必要である。しかし伝統的な屋台の雰囲気作りをしているため，開封の風情を体験するにはよい場所となっている。

4 おわりに

本章では，中国における観光屋台の一例として，開封の屋台を紹介してきた。従来の観光屋台エリアとして有名な鼓楼夜市は，鼓楼の再建をきっかけに，古風な町並みと周囲の観光スポットをあわせたことにより，以前より大規模な観光客誘致をおこなえる商圏となった。また鼓楼夜市と同じように，武夷夜市の移転は政府の支援によるところが大きい。さらに小宋城夜市は，新しい屋台の形を試みているが，それは屋内に設置する屋台と他の商業施設，レジャー施設とを一体的に管理する試み（つまりは「モール化」）として位置づけることができる。そこではさまざまな体験が可能なため，観光客の滞在時間を延ばすことができ，ビジネス的には成功しているモデルでもある。しかし，もともと屋台は道路沿いの屋外飲食施設であったために，小宋城の「夜市」には伝統的な雰囲気が失われているとの評価もある。管理の一元化や規制の強化という方法は，屋台経営をめぐる近年のトレンドであるが，昔ながらの屋台がもつレトロな雰囲気を好む人は，河南大学西門夜市のように小規模で，庶民性のある屋台を選ぶ向きもある。もともと観光施設ではない屋台も，近年では次第に観光資源として認知されつつあるため，提供される商品も地元の住人にとっては割高な値段設定になりがちである。そのことも，小規模な「夜市」を選択する動機であると分析することもできる。

屋台は都市空間に現れる仮説的な「場」であり，それによって独特の都市風景がうみだされる。鄭州のサブタウンである開封は，鄭州の発展とともに姿を

---

13) 携帯電話を用いた商品の購入や出前ビジネスの流行などについては，本書第12章を参照。

変えていくが，その変化は当然ながら屋台にも起こる。都市化の進展にともない，屋台への規制が強化されるなかで，「屋台文化」ともいえる風情が次第に失われていくことも看過できない。これまで屋台で流行っていた食べ物が，近年ではショッピングモールや百貨店でも商品として提供されるようになったことも，新しい現象として注目される。これは，「観光客を集客する装置」(遠藤，2016：98)というショッピングモール的な機能をよく示してもいるだろう。また，ここでは詳しく扱えなかったものの，近年の携帯電話(とくにスマートフォン)を用いた支払方法の普及や，それと連動する出前販売の流行なども，屋台ビジネスの新しい可能性を示唆するものといえる[13]。

【文　献】

芦原義信(2001).『続 街並みの美学』岩波書店
遠藤英樹(2016).「モビリティーズ時代の幻影―ショッピングモールの寓意的読解をめざして」井尻昭夫・江藤茂博・大崎紘一・松本健太郎［編］『ショッピングモールと地域』ナカニシヤ出版，pp.98-107.
蒲　和重(2016).「大規模小売店舗に対する社会的要請と法律」井尻昭夫・江藤茂博・大崎紘一・松本健太郎［編］『ショッピングモールと地域』ナカニシヤ出版，pp.14-25.
三好　宏(2016).「ショッピングモールと企業戦略―小売業態論の視角から」井尻昭夫・江藤茂博・大崎紘一・松本健太郎［編］『ショッピングモールと地域』ナカニシヤ出版，pp.39-49.
安田亘宏(2010).『食旅と観光まちづくり』学芸出版社
八尋和郎(2008).「都市における屋台の機能とその変化」『九州経済調査月報』741, 17-27.
王先民(2014).「開封「夜市経済」発展新模式研究―基於小宋城的調査分析」『品牌』9, 16.
劉香園(2016).「夜市的城市文化服務功能探析」『中外企業家』21, 225-226.

コラム①　中国の膠東地方における酒文化：風習や作法など

　中国の膠東地方は山東半島の東部に位置する。北・東・南が海に囲まれ，中部地域は山地・丘陵が多く，生存環境の厳しい地域であった。膠東人は客をもてなすことを好み，性質は純朴かつ豪快で，人とのつき合いは誠実でうそ偽りがなく，お酒の飲みっぷりも豪快だ。ごく一般の家庭ではお正月や節句，めでたい席，親族や友人が集まるときには決まってたくさんのお酒を飲む。また大切なお客を迎えるときは，家の主が話しのうまい人やお酒をたくさん飲める人たちを呼び，宴席を盛り上げる。この接待役はなかなか難しい。酒をすすめることが下手だったり，かえって自分が飲まされるなどすれば，家の主の面子が潰されるからだ。

　膠東人の家の酒宴では，ふつう 6-8 皿の小皿料理（点心や前菜）が出されるが，接待役はまずお茶を，つづいて点心や前菜をすすめる。そのあとに温かい料理が出されてからはじめて酒をすすめる。この料理を出す順序には決まりがあり，「鶏頭魚尾」すなわち鳥料理から始まり魚料理で締めくくられ，全部で十数種類（中国では偶数が縁起良いため，12 や 16, 18 という偶数種類の料理にこだわる）に及ぶ。この鳥料理が出されてから接待役の仕事は始まり，杯を持ちあげて酒をすすめ，賑やかに飲みはじめる。かつては 3 銭（「銭」は重量，1 銭は 5g）や 7 銭の徳利から，最も大きいものでは 1 両（「両」は重量，1 両は 50g）のものを用い，酒の種類は地元の焼酎か米で作られたお酒を飲んだ。接待役の一番手は 6-8 杯のお酒をすすめ，次に待ち構えている二番手は一番手より少なくすすめることが一般的だ。接待役のすすめが終わったあと，酒席の人びとはお互いに酒をすすめることが許される決まりになっている。主・客のあいだにお酒をすすめ合うやりとりがあり，あるいは親しい友人同士であれば競い合って飲む。また一杯のお酒で争いごと・喧嘩が起き，めでたい席を台無しにして年配者から叱られることもある。こういった騒ぎは往々にして接待役が酒席を仕切れておらず，家の主に敬意が払われていない証しでもある。

　魚料理が出る順になれば，酒席が終わりに近づいたことを意味する。この魚料理の置き方にも決まりがある。一番の賓客に魚の頭を向けることは，敬意を表すものだ。地方によっては接待役が魚の目玉を取り出して賓客の

皿に置くが，それは「高看一眼(ガオカンイーェン)」と呼ばれる。これは主が賓客に対して，自分に目をかけてくれるようにとの願いの表れなのである。しかし客人自らは魚の目玉を取ってはいけない。それは主に不満を抱いている，という意味があるからだ。このように，膠東地方で出される魚料理の食べ方には文化的なコードがともなうため，「魚を食べることは難しい」といわれる。また，魚を食べる前には接待役が場を盛り上げるのだが，（魚だけに）話題に背びれ尾びれをつけて面白おかしくさまざまに話す。酒席がここまでくるとお酒もまわってこれ以上飲めないほどになり，主も客もともにすっかり打ちとけあって大満足となる。顔は紅潮し，ろれつは回らず，目はすわって朦朧となる。足取りも雲を踏むような千鳥足となれば，仙人になったかのようないい気分だ。

ところで，膠東地方の酒席上の魚料理に触れたのであれば，棲霞市の「木魚(ムーユェ)」に言及しなければならない。「棲霞(チーシャー)」は膠東地方の内陸の県の一つで，山は高く道は険しく，交通が非常に不便だ。かつては（そこの貧しい人たちはとくに）1年のうちで海鮮料理をみることも稀であり，たまに来る行商人も（保冷などないうえに）到着まで時間がかかり過ぎるため，魚などは腐ってしまうことが常であった。そのため，「臭魚爛蝦，送到棲霞(チョオユェランシァ，ソンダオチーシャー)（棲霞にくるまでに魚やエビなどは腐ってしまう）」という俚言までできた。しかし膠東地方の酒宴には魚が欠かせない決まりのため人々は頭を悩ませたが，彼らは桃の木を使って魚を彫った「木魚」を代用することにした。魚料理をだす順になると，主は「木魚」を蒸してアツアツの料理としてふるまう。そのとき接待役は「さぁ魚料理が出てきましたよ。みなさん召しあがれ！」と言いながら箸で「木魚」をつつき，客人もその動作を真似る。これによって魚を食べたことになり，酒席は円満のうちに締めくくられる。しかし今日では交通網も発達して物流も頻繁となったため，海鮮料理を食べることは容易となり，「木魚」も先の俚言も無用の長物となってしまった。

（執筆：張天波／翻訳：倉持リツコ）

第4章
フードビジネスとしての学校給食
岡山県瀬戸内市における学校給食への
地場産食材導入を事例として

岸田芳朗

　幼稚園に入園し中学校を卒業するまでのおよそ10年間，子どもたちは学校で給食を食べ続けることになる。現在，学校給食調理場が子どもに配布している「献立ひとくちメモ」や給食献立表に記載されている情報は，野菜などの食材や調味料の栄養学的な説明が中心である。しかし，食材としての野菜や加工品を誰がどこでどのように栽培・製造したか，という点についての記載はきわめて少ない状況にある。

　地場産食材の学校給食への利用拡大を進めていくうえで，次世代の子どもたちに何を食べさせたいかという視点を，学校給食に関わる多くの人びとへ広げていくことは重要である。既存のフードビジネスにおける流通システムでは，生産者や生産地の表示のわかりにくい食材が多い傾向にある。しかし，孫や子どもに食材を届けようとする多くの地元生産者は，子どもの健康を考え，できるだけ農薬と化学肥料を使わないように配慮している。

　本章では，岡山県瀬戸内市で取り組まれた地場産食材の栽培，流通，販売，提供に関する一連のフードビジネスに着目する。そして，食材生産状況と給食場での実態調査を通じて，今後の地場産食材の安定供給システムについて検討することになる。

1 はじめに

1) 本章で扱う事例について

　全国的にみて，生産者と栽培方法がわかり，おいしくて安心で安全な地場産食材とそれを使った加工食品を学校給食に導入してほしいとの要望は大きい。本章で紹介する瀬戸内市でも，10年以上も前から地場産食材や加工食品を学校給食に，との声が保護者から寄せられていた。にもかかわらず，保護者の会による地場産物導入の願いは長いあいだ実現しなかった。

　そのようななかで，2007年に発足した備前福岡の市圏地産地消推進協議会（以下，協議会）は，瀬戸内市地産地消ヘルシータウン推進事業を計画した。事業の中心は，地場産食材を給食に導入する実証調査と分析と，それを踏まえた地場食材供給グループの組織化などであった。その成果として，地場産食材の周年安定供給システムの方向性を打ちだした。他の事業として，給食へ食材を提供している田畑での生産現場交流会や生産者への講演会など多くのイベントを開催し，それに対する関係者の理解が深まっていた。

　本章では，岡山県瀬戸内市で取り組まれた地場産食材の栽培，流通，販売，提供に関する一連のフードビジネスに着目した。そして，食材生産状況と給食場での実態調査を通じて，今後の地場産食材の安定供給システムについて検討した。

2) 地場産食材利用に関する保護者の認識と現実

　2013年11月から，瀬戸内市は瀬戸内産の小麦粉と味噌を食材として，学校給食に導入した。さらに，農林水産省の学校給食地場食材利用拡大モデル事業の助成を受け，2014年から学校給食への地場農産物・加工品の導入が組織的にはじまった。その年に実施した地場産食材に関する保護者向けの調査では，給食に提供されている食材の80％以上が瀬戸内産とする回答であった。

　2014年9月から協議会は，瀬戸内市の邑久学校給食調理場における瀬戸内産食材の使用実態と供給体制に関する調査を実施した。その結果，瀬戸内産地場食材の供給されている種類と回数がきわめて少なく，使用野菜30種類のうち，キャベツの1種類とその使用回数は1回のみであったことが明らかになった。

キュウリは岡山県産が使用回数16回のうち12回と多かったが，ジャガイモ・タマネギ・ニンジンなどの主要供給野菜のほとんどが県外産であった。ほかにも食材としての使用量の少ないコマツナ，レンコン，葉ネギなどは，瀬戸内産は1品目もなく，すべてが岡山県産であった。先述した瀬戸内産の食材が80％以上であるとした保護者の認識とは，大きく異なる結果であった。

2 地場食材を学校給食に提供する実証調査

1) 瀬戸内市地産地消ヘルシータウン推進協議会と学校給食

2015年10月，協議会の関係者が中心となって，瀬戸内市地産地消ヘルシータウン推進協議会（以下，ヘルシータウン協議会）を設立した。この組織は，行政や学校給食関係者をはじめ，PTA関係者，農・漁業生産者，食品事業者，教育委員会，加工事業者，地域応援団，食育アドバイザーなど，農と食に関わる幅広い層から構成されていた。それによって，学校給食に関する意見を多角的かつ総合的に交換できるようになり，地場農産物と加工品の周年安定供給に向けて，より具体的な活動を可能にした。

その活動の一環として，その年度に生産現場交流会が開かれ，幼稚園児や保護者などの関係者が生産農家の圃場を見学し，積極的に情報交換をした。さらに，協議会では交流会を進めながら，試験的に地場食材を学校給食に供給する実証調査を，2015年11月と2016年1月にそれぞれ実施した。

2) 地場産食材を導入する実証調査の概要

第1回目の調査ではキャベツ，ハクサイ，レンコン，ダイコン，マッシュルームなど，9品目の野菜しか供給されなかったが，第2回目には4品目増え，合計で13品目となった。このように供給食材を増やした実績は，地場産食材の利用量拡大に向けて，農業協同組合や瀬戸内市役所の関係者を説得する材料となった。

なお，第1回目の実証調査において，給食の供給食数の少ない牛窓学校給食調理場に対し，生産者は食材の端数単位での納品ができなかった。同様に，野菜の品質面で，シロネギの緑色部位の割合が多すぎたことと，ダイコンの供給

では大きさのばらつきと皮の部分の汚れにより，45kg ものキャンセル問題が発生した。これは，生産者に対し規格に関する情報が十分に伝わってなかったことが原因であった。幸いにも，キャンセルとなったダイコンは，地元の飲食店や旅館，幼稚園の保護者の協力により完売した。

実証調査時に，ダイコンの納品が一時的に中断されることがあった。しかし，これまで調理場と取引のあった八百屋による迅速な対応で，市場から学校給食調理場へ無事に搬入された。

今後，学校給食へ地場産食材の導入量を増やすためには，生産者と調理師の双方における農産物に関する情報の共有化をすすめる必要がある。さらに，両者の関係を改善し円滑化するために，学校給食食材納入規格基準表を見直すことも急務である。

3）各調理場が 1 回で提供した食数と年間総食数

表 4-1 に各調理場が 1 回で提供した食数を，表 4-2 にそれらが提供した年間総食数を示した（これらの数値は 2014 年度のもので，各調理場での聞き取り調査をもとに作成した）。各調理場で 1 回に提供した食数の最も多かったのは，邑久の 1,546 食で，ついで長船の 1,209 食であった。牛窓は幼稚園，小学校，中学校ともに著しく少ない食数であった。

さらに年間を通して各調理場が提供した総食数は，1 回に提供する食数と同様の傾向を示し，邑久，長船，牛窓の順であった。瀬戸内市は岡山市に隣接しており，邑久町や長船町に居住しながら，岡山市内にある企業へ通勤している住民も多いことから，今後も，児童や生徒数の増加が見込まれている。

表 4-1　瀬戸内市の各調理場が 1 回に提供した食数（食）

牛窓学校給食調理場		邑久学校給食調理場		長船学校給食調理場	
区　分	食　数	区　分	食　数	区　分	食　数
幼 稚 園	20	幼 稚 園	118	幼 稚 園	93
小 学 校	232	小 学 校	922	小 学 校	717
中 学 校	141	中 学 校	506	中 学 校	399
合　　計	393	合　　計	1,546	合　　計	1,209

表 4-2 瀬戸内市の各調理場が提供した年間総食数（食）

牛窓学校給食調理場		邑久学校給食調理場		長船学校給食調理場	
区　分	食　数	区　分	食　数	区　分	食　数
幼 稚 園	5,230	幼 稚 園	24,868	幼 稚 園	19,941
小 学 校	53,299	小 学 校	191,640	小 学 校	146,296
中 学 校	29,921	中 学 校	102,670	中 学 校	80,979
合　　計	88,450	合　　計	319,178	合　　計	247,216

　ここで，1食当たりの給食費をみてみると，幼稚園で255円，小学校で270円，中学校で310円であった。単純に計算すると，三つの調理場で園児や児童，生徒から得られる給食費は，年間およそ1億8,460万円であった。

　仮に，瀬戸内産や県内産，県外産に支払われている経費が明らかになれば，関係者の地元産食材に対する理解も深まるであろう。これは，給食費を支出する保護者と補助する瀬戸内市にとっても，経費の削減につながることが見込まれる。

　それによって，学校給食における地場産食材の利用拡大がすすむことが予測される。くわえて，地元農業関係者と食品加工業者，そして，流通業者に及ぼす経済的な収益性向上の効果が明らかとなる。それが業者間に理解され，フードビジネスの一つである地場産食材を導入する学校給食の存在が大きくなると考える。

4）従来の各調理場に対する農産物供給システム

　図4-1に，従来の各調理場に対する農産物供給システムを示した。

　供給の流れとしては，学校給食調理場の栄養教諭が調理の2か月前に給食の献立を決め，毎月20日頃に取引先である八百屋に食材を発注することではじまる。それをふまえて，八百屋は食材を岡山中央市場に発注し，納品日の朝に注文した品々を受け取る。そして，注文した食材の品名と量を確認し，午前8時30分までに学校給食調理場に納品する。

　調理場によって，契約している八百屋の店舗数が異なり，牛窓学校給食調理場は5店，邑久学校給食調理場は3店，長船学校給食調理場は1店であった。1

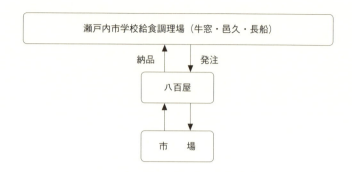

図4-1　従来の学校給食調理場への食材供給システム
(第2回瀬戸内市地産地消ヘルシータウン推進協議会の資料をもとに作成)

店以上契約している調理場では，1.5か月から3か月ごとに，契約業者が輪番制で食材を納品する仕組みを導入していた。

　このシステムでは，発注を受けた八百屋が品質面の検収などを実施している。品質管理も適性におこなわれており，何ら問題は発生していなかった。発生したとしても，迅速な処理を可能とする体制であった。そして，物流においても，八百屋が市場を通して対応し，直接，調理場に納品するので支障をきたす可能性はきわめて少なかった。しかし，このシステムでは，調理場側にすれば市場と八百屋に支払う中間手数料が発生し，納入価格は割高となった。そのため，中間手数料を抑える改善案を調理場と八百屋で提案し，価格を押さえることが必要となる。

　たとえば八百屋がマッシュルームを1kg当たり850円で仕入れ，調理場へ1,400円で納品する場合もあった。関係者の話によると，調理場へ食材を納品する場合の利益率が30%であった。生産農家が受け取る金額を考慮すれば，八百屋の利益率を下げ，調理場への納品価格を適正にする方法など改善の余地がある。

5）実証調査時における地場産食材の供給システム

　図4-2に実証調査時における地場産食材の供給システムを示した。従来の農産物供給システムと大きく異なっている点は，備前福岡の市圏地産地消推進協

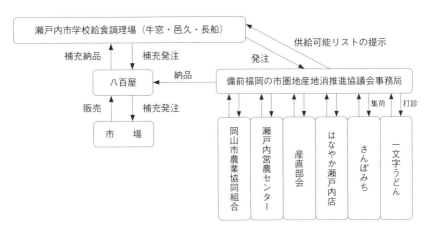

図 4-2　実証調査時における地場産食材の食材供給システム

議会事務局（以下，「事務局」）が，学校給食へ地場農産物を供給する契約農家や業者と直接やりとりをし，食材としての農産物をどれだけ供給できるかをまとめた供給可能リストを作成する点であった。その供給可能リストをもとに，各給食調理場を担当する栄養教諭が献立を作成し，事務局へ発注をかける流れであった。

事務局は調理場へ納品する前日に契約農家と業者を訪ねて食材を集荷し，各調理場が契約している八百屋へ納品していた。八百屋は納品された農産物の検収をおこない，品質や規格面で問題のあるものがあった場合は，その数量を市場へ発注し補充する役割を担っていた。

2015 年 11 月に実施した地場食材の利用実証調査において，JA 岡山瀬戸内営農センター（以下，営農センター）からはキャベツ・ハクサイ・ブロッコリー，産直部会（以下，部会）からはダイコン・シロネギ・ジャガイモ・サツマイモを，さんぽみちからはコマツナ，一文字うどんからは小麦粉が供給された。

この実証調査を通して，地場農産物の周年安定供給をおこなううえで品質・規格面や価格面で数々の課題が判明した。たとえば，牛窓学校給食調理場に納品する予定であった地場産ダイコンの全量 45kg が，細すぎたために急遽出荷停止になった。他にも，シロネギにもかかわらず青い部分が多かったり，ジャ

ガイモの形が不揃いだったりした。

　それらの食材を納品する判断を下したのは八百屋であった。残念ながら，実証調査時に地場産を調理場へ納品するにあたって，食材の納入規格が設けられていない状況にあった。今後，この問題を解決するためには，双方が規格に関する意見交換を緻密におこない，食材に対する共通認識をもつ必要がある。さらには，作物を栽培する農家とそれを流通させる八百屋，それに，それらを調理し園児と生徒に提供する栄養教諭同士が，食材に関する情報を共有し，積極的に意見交換を実施する場作りが急務である。

　次に調査時，営農センターとJA岡山はなやか瀬戸内店（以下，瀬戸内店）が八百屋へ納品する価格は，市場の卸値と同じであった。一方，部会から八百屋への納品価格は，市場の卸値と比べるとおよそ10%高かった。さらに，部会からの価格には，市場と八百屋への中間手数料だけでなく，部会への仲介手数料が含まれていた。そのぶん，営農センターや瀬戸内店からの納品よりも，価格が高くなった。今回の実証調査による方法を地場産食材の供給システムの候補とする場合，価格設定の課題を解決する必要がある。

3 実証調査からの考察と今後の展望

1) 地場産食材の新しい周年安定供給システムに向けて

　図4-2にあったように，納品業者と農協関連業社が個別に対応するのではなく，給食用食材供給組織としてグループ化することが有効である。それによって，食材の周年安定供給に向けて，一定の生産量を確保することが可能となる。たとえば，当グループは食材の品目ごとに生産者を組織化し，給食にあわせた作付けが実施できる。それによって，一定量の生産量を確保できることが見込めるため，給食用に安く，安定して食材を納品することができる。したがって，調理場側としても，それをもとに献立を作成することが可能になるため，地場産食材の利用促進につながる。

　現在，地場産食材の配送は事務局がおこなっている。今後の展開としては，第一段階として，学校給食調理場から食材の発注を受けた八百屋が，市場で調達し調理場へ納品する。しかし，地場産食材を周年安定供給するためには，市

場取引の多い八百屋に依存する形態を変える必要がある。

そこで第二段階として，八百屋にかわる総合的な運営組織をつくることが考えられる。たとえば農業協同組合や農産品直売所，農業公社のなかに，学校給食調理場から地場産食材の発注を受け，それらを給食用食材供給グループで集荷し，調理場へ納品する。

先述した第一・二段階のシステムは，これまで調理場へ食材を提供してきた実績があり，経済効果もあげてきた。それを踏まえて，新たな周年安定供給システムを円滑に立ちあげ，それを稼働させるためには，従来の枠組みを超えるような斬新な考え方が必要とされる。

近年，全国的に，地場産食材を学校給食に導入するため，①収集・出荷調整，②価格決定，③販売会計業務，④配送作業，⑤品質管理の機能分担に着目し，その機能性に応じた供給システムが各種確立されてきている。

最終的に，瀬戸内市でも新しい周年安定供給システムを導入するときは，民間委託を選択せずにNPO組織を設立する。それは文部科学省の進める「合理化」ではなく，地場産食材を中心とした「給食と食育の充実」を優先する方法でもある。

仮に，このシステムが運用され定着していけば，学校給食への地場産食材の周年安定供給に大きく近づくことができる。その際に重要になるのが，行政としての瀬戸内市の支援体制である。軌道に乗るまで，NPO組織の構成員の人的支援と運営費の一部を行政が援助するようになれば，より具体的に事業をすすめることが可能となる。瀬戸内市の学校給食調理場は市が運営しているため，市民の声が届きやすいといった特徴もある。

このような学校給食の地場産食材利用に向けた取り組みを毎年積み重ね，少しずつ成果を出し，そのことを市民全体へ情報発信する。一方で，フードビジネスの一つである学校給食に携わる関係者同士が連携すれば，地場産業の活性化だけでなく，これからの瀬戸内市の学校給食を質的に向上させる大きな原動力となるであろう。

2）高い瀬戸内市の農業生産力

各調理場で食材の産地を調査していたとき，毎日のように仕入れているジャ

ガイモ，ニンジン，タマネギはほとんどが県外産であった。瀬戸内市におけるジャガイモとタマネギの生産量を考慮すれば，学校給食に供給することに量的な問題はない。

現在，多くの野菜などの食材が岡山県産と県外産で賄われている。しかし，学校給食調理場で使用されている量とJA岡山瀬戸内営農センター管内で生産されている量を比較した場合，多くの野菜で地場産の供給が可能である。

たとえばブロッコリー，コマツナ，小麦粉，シロネギは地場産のもので十分な供給ができる。ただし，キャベツは7月と9月に，ハクサイは9月に，タマネギは4月と7月に，ジャガイモは3月と4月に，サツマイモは4月から7月にかけて，それぞれ端境期となり，新鮮な食材の供給が難しい状況にある。しかし，性能の良い保冷庫などを活用すれば，それぞれの端境期にも，ある程度の品質を維持した食材の供給は可能となる。

本来，地場産食材を学校給食で利用する場合，基本的に旬の野菜などを活用することが重要となる。冬にトマトやキュウリなどの高い夏野菜を食材として利用するより，瀬戸内市でも生産量の多い，トウガンやカボチャなどの比較的価格の安い旬の食材を活用すべきであろう。それによって，野菜の季節性や瀬戸内市の郷土料理を子どもに五感で学習させることも可能になる。

このように，旬の食材を活用した献立を多用することにより，それぞれの地域と家庭で受け継がれてきた瀬戸内型食生活が復活し，次世代へ継承されていくことになるであろう。地場産食材を活用した学校給食作りが瀬戸内市に定着することにより，地域に根ざしたフードビジネスが栄え，地域振興に貢献することになる。

4 結びにかえて：瀬戸内市民で支える学校給食

幼稚園に入園し中学校を卒業するまでのおよそ10年間，子どもたちは給食を食べ続けることになる。現在，学校給食調理場が子どもに配布している「献立ひとくちメモ」や給食献立表に書いてあることは，野菜などの食材や調味料の栄養学的な説明が中心である。しかし，食材としての野菜や加工品を，誰がどこでどのように栽培・製造したかの記載は，きわめて少ない状況にある。

第4章 フードビジネスとしての学校給食　57

　2015年度に瀬戸内市で試験的に実施した地場産食材を使った給食を提供したところ，園児や児童は残さず食べたとのことであった。残食量をなくさせた一番の理由は，子どもの知っている人びとが食材を提供していたことにあった。その人びととは，子どもたちの家や親戚のおじいちゃんやおばあちゃんであり，近所に住む農家であった。これらの身近な人びとが，食材の生産や加工に関わっていることを知ることにより，子ども心にそれらの人びとに対する信頼感が増し，食材のおいしさをより感じさせたのである。

　このような地場産食材の学校給食への利用拡大をすすめていくうえで，次世代の子どもたちに何を食べさせたいかという視点を，学校給食に関わる多くの人びとへ広げていくことは重要である。既存のフードビジネスにおける流通システムでは，生産者や生産地の表示のわかりにくい食材が多い傾向にある。しかし，孫や子どもに食材を届けようとする多くの地元生産者は，子どもの健康を考え，できるだけ農薬と化学肥料を使わないように配慮している。

　学校給食へ地場産食材を利用する目的の一つとして，生産者や調理員との顔の見える関係を築くだけでなく，子どもたちを農薬や化学肥料，それに食品添加物などの化学物質による健康被害から守ることにある。そして，子どもが給食を通して瀬戸内市の豊かな自然環境と地域住民のあたたかさに触れることによって，感性に磨きをかけ，生きる力を身につけるのである。

　そのために，農作物を育てる農家や魚貝を捕る漁師と，食材を調理場に納品

図4-3　啓発用ポスター

する八百屋などのフードビジネスに直接関わる人びとだけでなく，教育現場の教員や食材を料理する調理員，子どもの保護者など多くの関係者が，次世代を担う子どもを育成するために連携する必要がある。そのうえで，積極的に地場産食材を学校給食の食材として活用するためのフードビジネスが興隆すれば，農と食による地域活性化につながると考える。

[謝　辞]
実態調査を快く受け入れてくださった瀬戸内市地産地消ヘルシー推進協議会の会員のみなさまに心から，感謝を申し上げる。なお，本研究は，文部科学省平成29年度私立大学研究ブランディング「寄り添い型研究による地域価値の向上」の助成を受け実施した。

【文　献】
岸田芳朗（2006）．『地方からの地産地消宣言―岡山から農と食の未来を考える』吉備人出版
岸田芳朗（2010）．「全国のモデルタウンのとりくみ　有機農業を核にして蘇った現代版「福岡の市」」『農業と経済』75, 132-133.
岸田芳朗（2012）．「命のつながりを育む備前福岡の市，地育地食」備前福岡の市圏地産地消推進協議会『備前福岡の市―中世の商都・備前福岡の市の賑わいを再び』福岡の市出店者会保存版
竹下登志成（2005）．『続　学校給食が子どもと地域を育てる』自治体研究社
内藤重之・佐藤　信（2010）．『学校給食における地産地消と食育効果（日本農業市場学会研究叢書10）』筑波書房
備前福岡の市圏地産地消推進協議会・学校給食への瀬戸内市産地場食材利用拡大事業検討委員会（2014）．「瀬戸内市のみんなで地場食材給食つくっています」ココホレジャパン株式会社
山田浩子（2014）．『学校給食への地場食材供給―地域の畑と学校給食を結ぶ』農林統計出版

第5章
薄（淡）口醤油産地の形成と発展
龍野を中心にして

天野雅敏

　醤油の種類は江戸時代を通じて，地域差をともない多様化した。濃口醤油，薄（淡）口醤油，溜醤油，再仕込み醤油，白醤油などが造りだされ，醤油の個性に応じて料理ごとに使い分けがなされることで，食文化が豊かになった。関東ではおもに濃口醤油が使用され，関西では濃口醤油と薄口醤油が料理により使用された。素材の色を生かし，素材の旨味をひきだす料理に最適な調味料として造られたのが薄口醤油である。

　兵庫県たつの市，揖保川ぞいの龍野は，薄口醤油の発祥地として，また産地として有名である。近代に入ると，会社形態をとって醤油醸造企業が設立され，造石高も趨勢的に増加傾向をたどった。戦前において龍野の薄口醤油は，市場としては京阪神が中心であったが，高度成長期以降になると四国，中国や東京を中心とする首都圏，愛知を中心とする東海圏にも進出していった。本章では，近世から近代および戦後の龍野醤油の発展と復興の過程を，その市場の動向に焦点をあてて検討をおこなう。

龍野のヒガシマル醤油元本社工場の原料庫（筆者撮影）

1 はじめに

　兵庫県の揖保川沿いの龍野は薄口醤油産地としての立地条件に恵まれ，京都・大阪の市場と直結しており，その産業発展は城下の町方から周辺の在方へと広がっていた。近代に入ると，会社形態をとった醤油醸造企業が設立され，造石高も趨勢的に増加傾向をたどった。戦前において龍野の薄口醤油は，市場としては京阪神が中心であったが，高度成長期以降になると四国，中国や東京を中心とする首都圏，愛知を中心とする東海圏にも進出していった。
　本章では，近世から近代，および戦後にかけての龍野醤油の成長・発展・復興の過程を通観し，その市場に焦点をあてて考察を展開する。

2 近世龍野醤油の成立

　醤油の種類は江戸時代を通じて，地域差をともないながら多様化した。濃口醤油，薄（淡）口醤油，溜醤油，再仕込み醤油，白醤油などが造りだされ，醤油の個性に応じて料理ごとに使い分けがなされることで，食文化が豊かになった。関東ではおもに濃口醤油が使用され，関西では濃口醤油と薄口醤油が料理によって使い分けられた。
　素材の色を生かしながら，素材の旨味をひきだす料理に最適な調味料として造られたのが薄口醤油であり，播州龍野を発祥地としていた。龍野は，姫路から 15km ほど西にあって播磨平野西部に位置している。播磨灘に面した海岸線から 10km ほど内陸部に入った城下町で，町の東側には揖保川が流れている。龍野は播州小麦の生産地帯にあり，隣接する佐用，宍粟両郡は三日月大豆の生産地であり，南西 20km のところに製塩地の赤穂があるので，醤油生産には絶好の立地条件にあった。揖保川の水質は，鉄分の少ない軟水で，薄口醤油の生産に適していた。
　1890（明治 23）年の龍野醤油醸造業組合の沿革取調書には，「龍野醤油ノ醸方ハ他国産出ノ醤油ニ異リテ世上ニ称賛ヲ得タルハ，其色稀薄透明ニシテ，一種ノ佳香タルガ故ナリ」とある。薄口醤油の製法は，濃口醤油の製法と基本的には同じであるが，大豆と小麦の処理方法に工夫をし，塩を多めに配合してい

第 5 章 薄（淡）口醤油産地の形成と発展

る。熟成期間を短めにして発酵作用をおさえ，醤油に色を付けないようにして，もろみを絞るまえに醴（あまざけ）を投入して調整するのである。揖保川は原料や製品の輸送という点からみると格好の交通路であり，その下流 20km にあった網干港から船便によって京都・大坂などと結ばれていた。

長谷川彰の研究によると（長谷川, 1993：27-53, 90-109），龍野醤油は，天正年間（1573-1591 年）に横山家と円尾家によって酒造と兼業で生産が開始され，円尾家によって寛文年間（1661-1675 年）に薄口醤油が開発された。龍野の惣年寄であった円尾家の「有物覚」によると，1690（元禄 3）年に「すみ醤油 120 目」とあり，1693 年には「醤油 2 石仕入」とあり，18 世紀の享保期には京，江戸，大坂へ醤油を積み送っていた。そして円尾家は，1746（延享 3）年に孫八を京都に派遣して京都店を開設した。龍野醤油の京都市場への進出には，京都町奉行所が 1780（安永 9）年に「他国醤油二十一軒問屋」を認可し，京都以外からの醤油の流入を公認したことがあった。円尾家の京都出店は 1784（天明 4）年に「他国醤油二十一軒問屋」に加入が認められており，京都への出荷が本格化した。しかし文政末期から天保初期にかけて，円尾家の経営が悪化したことにともない，同家の醤油の販路は京都から大坂へ転じていた。化政期（1804-1829 年）の出荷地域はおもに京都市場であったが，1840（天保 11）年以降，大坂市場が過半数を占めていた。

龍野醤油の販路については，龍野醤油醸造業組合の沿革取調書にも叙述があるので，それを紹介しておこう。「始メ寛文年度大阪ニ輸出ス，堺・京都之レニ次キ，其他接近ノ諸国ニモ聊カ販売ヲナセリ，其后正徳年度ニ至リ，年ヲ経ル六拾年大阪ヲ主トス，其他ハ京都・近江・兵庫等ナリトス」「龍野醤油ハ延宝初年ノ交ヨリ京都ヲ主トシテ輸出シ居リシニ，享保年度ニ至リ頓ニ其数ヲ増加ス，故ニ京都ノ醤油製造家ヲシテ年々其数ヲ減セシメタリ」「享保年度ヨリ文化年度ニ至ル年ヲ経ル八十余年間京都ヲ以テ最モ主トシ，其他ハ大阪接近諸国ニ輸出ヲナセリ，降テ安政年度ニ至リ販売ノ地ハ京阪共ニ同額ノ輸出ヲナシ，其他近江・若狭・因伯等ノ諸国ニ輸出ス，安政年度ヨリ今明治ニ至リ三拾余年ノ間大阪ヲ以テ主トシ，京都之レニ次ギ関西ノ諸国及東京等ニ多少ノ輸出ヲナスニ至レリ」とある。ここからは販路に変遷があったことがうかがえるが，ともあれ京都や大阪を中心とする関西が主要市場であったといえよう。

3 近代龍野醤油の動向

　1870（明治3）年の龍野には37名の醤油醸造家が存在し、7,435石ほどの造石高があった（長谷川, 1993：247-250）。『兵庫県第一回勧業年報』によると、「方今ノ醸造家龍野町外拾五ケ村ニシテ専業拾二補業廿一、去ル明治十三年ハ凡弐万三千余石ヲ産ス、其価凡弐拾万円以上、近年頗ル減衰セリ、仕向先ハ大坂ニ凡四分、京都ニ凡二分、東京ニ凡一分、諸国ニ凡一分、産地消費凡二分トス」とある。

　龍野醤油醸造業のその後の動向をとらえるために、図5-1のもろみ石数で示した造石高の推移をみることにしよう。図5-1によると造石高は、趨勢的には増加傾向を示していたといえよう。1890年の恐慌を脱すると、造石高は増加傾向をとっており、明治20年代末期には4万石をこえ、明治30年代中葉には6万石に達していた。そして、明治40年代に入ると、造石高は7万石から8万石を凌駕するようになり、その後やや減少するも、第一次世界大戦期に入り増加

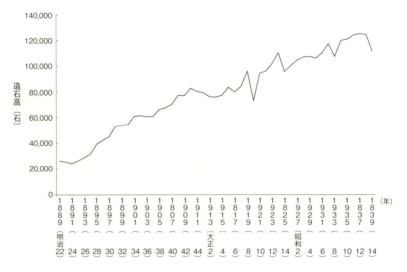

図5-1　龍野醤油業の造石高の推移：1889-1939年（出典：横山（1915：116-117）、龍野醤油協同組合要覧編集委員会（2001：289-291）をもとに作成）[1]

に転じていた。大戦後の戦後恐慌の際には急落するものの，それ以降の造石高は9万石から10万石を超えるに至っていたのである。

龍野醬油業は，幕末維新期に城下の町方から周辺の在方へ広がりをみせ，新興の醬油醸造家を輩出していた。北龍野村新町の有力商人であった因幡屋の初代浅井彌兵衛が，龍野藩の払い下げた醬油製造所「物産蔵」を1869年に払い受け，醬油醸造業に進出した。「物産蔵」は藩の川東蔵として東ノ丸と称されていたことや，東から太陽が昇るように社運の隆盛を願ったことから，商標を㋪ヒガシマルとしたという。その後，同家は1896年にこれを改組して浅井醬油合名会社とした。浅井醬油合名会社の資本金は4万円であり，二代彌兵衛と初代彌七の兄弟によって出資されていた。同社は翌年168坪の新蔵を増設し，生産量を7,500石とするとともに，竹虎製紙工場を買収し敷地の拡充につとめ，1902年には松屋醸造所を買収して乙蔵とし，生産量を13,000石とした。

菊屋の片岡重吉（11代治助）が1893年，菊屋を改組して龍野町に菊一醬油合資会社を設立した。同社の資本金は2万円であり，出資者は片岡重吉，旧龍野藩主脇坂安煕，伏見屋竹内庸卿，初代龍野町長三木制，のちに町長となる中原信之らであった。社長の中原は規模の拡大を目指し，龍野町日山川原のまるなか醬油を1897年に合併し，社名は菊一醬油合資会社のままとして，資本金は両社の積立金を取り崩して10万円とし，生産量を13,300石とした。

また1898年には，小宅村の堀豊彦によって資本金10万円の龍野醬油株式会社が設立された。龍野醬油の敷地は3,000坪あり，仕込蔵や圧搾場など11棟と596本の仕込桶があり，生産量は15,400石となっていた。1795（寛政7）年創業し地元販売を中心として成長した半田村の延賀家により，1907年には資本金50万円の日本丸天醬油株式会社が設立されていた。同社は，工場周辺を買収して規模の拡大をはかり，1923（大正12）年の出荷量が13,000石となって

---

1) 上記の『龍野醬油醸造同業組合要覧』，『龍野醬油協同組合要覧 平成11年版』に記載された龍野醬油の製造高は，「組合員産出統計下調書 龍野醬油醸造業組合 明治廿九年」（円尾光氏文書299，龍野歴史文化資料館所蔵）の1895（明治28）年の醬油製成に関する数値と試みに対比させてみると，同年のそれは製成醬油高であることが判明する。そこで，1895年の製成醬油高（46,212.56石）と査定もろみ石数（39,192.314石）の比率にもとづいて，各年の製成醬油高から査定もろみ石数を推計し，それを図示した。

いた。1909年には，龍野町の円尾家によって資本金21万6,000円の円尾醬油合名会社が設立されていた。龍野では，このように合名会社，合資会社，株式会社などの会社形態をとり醬油醸造企業が設立されていたのであり，またその後，規模の拡大もすすんでいた（龍野醬油協同組合要覧編集委員会，2001：36-37）。

　龍野醬油の京阪市場への輸送は，従来，揖保川口の網干まで高瀬舟で送り，帆船に積みかえて大阪へ輸送し，京都へは三十石船で淀川を遡り，伏見から高瀬川沿いの問屋へと積み送っていた。しかし1891年に山陽鉄道の揖保川橋梁が完成し，また龍野駅が開業したことにともない，同鉄道運送営業者山陽運輸会社と貨車輸送契約および運賃割引特約が結ばれ，龍野駅から兵庫・大阪・京都各駅方面への醬油輸送に汽車が導入された。1907年の鉄道国有法の成立により山陽鉄道も国有化され，帝国鉄道庁と醬油輸送契約が結ばれ，発着駅が拡張されていた。

　表5-1は，明治30年代から大正後期にかけて，龍野醬油の出荷先別の汽車輸送について，その実情をまとめたものである。表5-1のとおり龍野醬油の汽車輸送は，京都，大阪を中心に大津，神戸を含む地域が主要出荷先であり，広島その他各地への汽車輸送はさほど多くはなかった。1900年の龍野醬油の汽車輸送は大樽（約3.3斗入）84,061梃であり，その内訳は大阪44.8％，京都41.5％，神戸7.9％，広島そのほかが5.8％となっていた。出荷先としては，大阪・京都が龍野醬油の汽車輸送の86.3％を占めていたのである。しかし明治30年代後半以降，龍野醬油の大阪・神戸への汽車輸送は減少し，京都・大津へのそれが増加した。京都への汽車輸送は，大正期に入ると龍野醬油の汽車輸送の80％を超えて90％ほどを占めており，大津へのそれも数％から10％ほどとなっていた。汽車輸送により京都への輸送日数は従来の2週間から2～3日に短縮され，運賃も低下していた。しかし大阪への出荷に関しては，海運業者との積年の関係があり，また大阪での河川輸送の便利さから，輸送の3～4割は海上輸送に依存していたという。そして1914年，京都，大津以外の汽車輸送の運賃割引が廃止されると，大阪への輸送は，急ぎ荷以外は海上輸送に回帰していた。龍野醬油の汽車輸送は，明治30年代後期には減少し，若干の年度を除いて，大樽で数万梃という規模となり，京都を中心として大津などに引き続き積送されてい

第5章 薄（淡）口醤油産地の形成と発展　65

表 5-1　龍野醤油の出荷先別汽車輸送：1900-1923
（出典：龍野醤油協同組合要覧編集委員会（2001：279-280）をもとに作成）

			近　畿					広島その他各地	計
			大　阪	京　都	神　戸	大　津	小　計		
実数（梃）	1900（明治 33）年		37,671	34,893	6,645		79,209	4,852	84,061
	1901（ 34）年		39,036	36,927	7,154	2,930	86,047	900	86,947
	1902（ 35）年		44,077	37,567	5,945	6,025	93,614	501	94,115
	1903（ 36）年		37,379	33,187	5,632	5,736	81,934	702	82,636
	1904（ 37）年		17,018	29,774	3,278	4,304	54,374	758	55,132
	1905（ 38）年		18,976	35,601	3,776	2,962	61,315	2,631	63,946
	1906（ 39）年		25,808	36,641	3,998	4,496	70,943	662	71,605
	1907（ 40）年		18,609	31,462	3,761	4,915	58,747	841	59,588
	1908（ 41）年		18,233	42,736	2,597	3,873	67,439	457	67,896
	1909（ 42）年		20,567	52,217	3,126	6,435	82,345	1,029	83,374
	1910（ 43）年		21,910	59,988	1,363	6,962	90,223		90,223
	1911（ 44）年		12,063	54,360	377	5,427	72,227	662	72,889
	1912（大正 元）年		10,790	41,088		5,180	57,058		57,058
	1913（ 2）年		4,382	50,100		5,847	60,329		60,329
	1914（ 3）年		9,061	44,690	78	5,380	59,209		59,209
	1915（ 4）年		4,472	54,639		6,570	65,681		65,681
	1916（ 5）年		995	65,923		7,039	73,957		73,957
	1917（ 6）年		97	55,910		5,556	61,563		61,563
	1918（ 7）年			52,324		6,024	58,348		58,348
	1919（ 8）年			53,013		5,666	58,679		58,679
	1920（ 9）年			39,714		4,463	44,177		44,177
	1921（ 10）年			50,993		5,080	56,073		56,073
	1922（ 11）年			58,933		5,434	64,367		64,367
	1923（ 12）年			54,132		5,492	59,624		59,624
構成比（％）	1900（明治 33）年		44.8	41.5	7.9		94.2	5.8	100.0
	1901（ 34）年		44.9	42.5	8.2	3.4	99.0	1.0	100.0
	1902（ 35）年		46.9	39.9	6.3	6.4	99.5	0.5	100.0
	1903（ 36）年		45.2	40.2	6.8	6.9	99.1	0.9	100.0
	1904（ 37）年		30.9	54.0	5.9	7.8	98.6	1.4	100.0
	1905（ 38）年		29.7	55.7	5.9	4.6	95.9	4.1	100.0
	1906（ 39）年		36.0	51.2	5.6	6.3	99.1	0.9	100.0
	1907（ 40）年		31.2	52.8	6.3	8.3	98.6	1.4	100.0
	1908（ 41）年		26.9	62.9	3.8	5.7	99.3	0.7	100.0
	1909（ 42）年		24.7	62.6	3.8	7.7	98.8	1.2	100.0
	1910（ 43）年		24.3	66.5	1.5	7.7	100.0		100.0
	1911（ 44）年		16.6	74.6	0.5	7.4	99.1	0.9	100.0
	1912（大正 元）年		18.9	72.0		9.1	100.0		100.0
	1913（ 2）年		7.3	83.0		9.7	100.0		100.0
	1914（ 3）年		15.3	75.5	0.1	9.1	100.0		100.0
	1915（ 4）年		6.8	83.2		10.0	100.0		100.0
	1916（ 5）年		1.4	89.1		9.5	100.0		100.0
	1917（ 6）年		0.2	90.8		9.0	100.0		100.0
	1918（ 7）年			89.7		10.3	100.0		100.0
	1919（ 8）年			90.3		9.7	100.0		100.0
	1920（ 9）年			89.9		10.1	100.0		100.0
	1921（ 10）年			90.9		9.1	100.0		100.0
	1922（ 11）年			91.6		8.4	100.0		100.0
	1923（ 12）年			90.8		9.2	100.0		100.0

た（龍野醬油協同組合要覧編集委員会, 2001：38-39）。

4 戦後の龍野醬油の市場動向

　戦時統制下から敗戦後にかけて，大豆，小麦，塩，甘酒用米などの不足・欠乏から，龍野の薄口醬油の出荷量は減少し，1944（昭和 19）年には姿を消した。それに代わって，濃口醬油や代用醬油の生産がみられた。

　龍野醬油協同組合が設立された 1950 年の醬油出荷総数は 24,395.7kl（135,533 石）となっており，薄口醬油の出荷はなされていない。その後，1953 年に醬油出荷総数は 35,825.5kl となり，薄口醬油の出荷量は 15,996.3kl で，醬油出荷総数の 44.7%を占めていた。1955 年から 1995 年にかけての龍野の醬油出荷総数と薄口醬油の出荷量の推移を示したものが表 5-2 である。この表によると，1955 年以降の高度成長期を通じて，龍野の醬油出荷総数は増加傾向にあった。とりわけ薄口醬油の出荷量の伸びが顕著であり，1970 年の薄口醬油の出荷量は 54,671.0kl で，醬油出荷総数の 84.8%を占めていた。薄口醬油の急速な復興が，当該期の龍野醬油の発展を支えていた。しかし，その後，高度成長の終焉とともに，薄口醬油の出荷量は停滞的となり，醬油出荷総数に占める薄口

表 5-2　戦後の龍野醬油の出荷動向
（出典：龍野醬油協同組合（1975：187-192），
龍野醬油協同組合要覧編集委員会(2001：314-319) をもとに作成）

	出荷総数（A）(kl)	薄口醬油出荷量（B）(kl)	(B/A)×100（%）
1955（昭和 30）年	37,925.2	21,338.4	56.3
1960（　　35）年	47,108.2	33,541.2	71.2
1965（　　40）年	53,537.5	42,905.5	80.1
1970（　　45）年	64,453.0	54,671.0	84.8
1975（　　50）年	62,826.0	51,819.0	82.5
1980（　　55）年	72,017.0	56,340.0	78.2
1985（　　60）年	73,980.0	55,262.0	74.7
1990（平成 2）年	79,829.0	57,243.0	71.7
1995（　　7）年	75,489.0	53,854.0	71.3

第5章 薄（淡）口醤油産地の形成と発展 67

表5-3 戦後龍野の薄口醤油の仕向け先別出荷動向

(出典：龍野醤油協同組合 (1975：187-192)、龍野醤油協同組合要覧編集委員会 (2001：314-319) をもとに作成)

		北海道	東北	関東甲信越		東海		北陸	近畿			中国	四国	九州・沖縄	計
				東京	関東甲信越	愛知	東海		大阪	兵庫	京都				
実数（kl）	1955（昭和30）年	0.3	10.8	53.0	71.2	82.0	61.0	237.0	9,386.0	4,386.0	3,582.0	1,129.7	1,273.0	89.1	21,335.1
	1960（35）年	0.8	5.1	226.0	248.9	230.0	195.0	586.0	13,762.0	6,997.0	4,645.0	2,394.0	2,267.0	410.0	33,539.8
	1965（40）年	3.3	12.1	927.0	1,234.1	1,280.0	1,209.0	793.0	15,626.0	8,315.0	5,815.0	2,868.0	3,500.0	684.0	42,901.5
	1970（45）年	14.0	24.0	1,296.0	1,955.0	1,672.0	1,554.0	929.0	19,275.0	10,464.0	6,877.0	3,928.0	4,709.0	833.0	54,659.0
	1975（50）年	41.0	70.0	1,618.0	1,866.0	1,994.0	1,837.0	1,024.0	17,187.0	9,944.0	6,163.0	4,354.0	4,931.0	831.0	51,799.0
	1980（55）年	109.0	149.0	2,323.0	2,684.0	2,317.0	2,096.0	1,332.0	18,054.0	10,397.0	6,247.0	4,951.0	5,653.0	1,079.0	56,289.0
	1985（60）年	157.0	268.0	2,889.0	3,481.0	2,422.0	2,171.0	1,159.0	17,514.0	9,709.0	5,638.0	5,237.0	5,755.0	859.0	55,179.0
	1990（平成2）年	245.0	396.0	3,931.0	4,625.0	3,657.0	3,277.0	1,437.0	17,139.0	9,048.0	5,343.0	5,440.0	5,892.0	1,002.0	57,059.0
	1995（7）年	295.0	461.0	4,146.0	5,775.0	3,485.0	3,080.0	1,272.0	15,688.0	7,547.0	5,277.0	4,730.0	4,901.0	980.0	53,571.0
構成比（%）	1955（昭和30）年		0.1	0.2	0.3	0.4	0.3	1.1	44.0	20.5	16.8	5.3	6.0	0.4	100.0
	1960（35）年			0.7	0.7	0.7	0.6	1.8	41.0	20.9	13.8	7.1	6.8	1.2	100.0
	1965（40）年	0.1		2.2	2.9	3.0	2.8	1.8	36.4	19.4	13.6	6.7	8.2	1.6	100.0
	1970（45）年			2.4	3.6	3.1	2.8	1.7	35.3	19.1	12.6	7.2	8.6	1.5	100.0
	1975（50）年	0.1	0.1	3.1	3.6	3.9	3.5	2.0	33.2	19.2	11.9	8.4	9.5	1.6	100.0
	1980（55）年	0.2	0.3	4.1	4.8	4.1	3.7	2.4	32.1	18.4	11.1	8.8	10.0	1.9	100.0
	1985（60）年	0.3	0.5	5.2	6.3	4.4	3.9	2.1	31.8	17.6	10.2	9.5	10.4	1.6	100.0
	1990（平成2）年	0.4	0.7	6.9	8.1	6.4	5.7	2.5	30.0	15.9	9.4	9.6	10.3	1.8	100.0
	1995（7）年	0.6	0.9	7.7	10.8	6.5	5.7	2.4	29.3	14.1	9.8	8.8	9.1	1.8	100.0

（注）仕向け先の東北は青森、岩手、秋田、宮城、山形、福島、関東甲信越は東京、神奈川、千葉、埼玉、群馬、栃木、茨城、山梨、長野、新潟、北陸は石川、富山、福井、東海は愛知、岐阜、静岡、近畿は大阪、京都、滋賀、奈良、兵庫、和歌山、三重、中国は広島、岡山、山口、鳥取、島根、四国は香川、愛媛、徳島、高知、九州は福岡、佐賀、長崎、大分、熊本、宮崎、鹿児島への出荷量をそれぞれ集計した。

醬油の比率も低下傾向をたどっていった。

　若干の輸出を除いて龍野の薄口醬油の仕向け先別出荷量の動向について，1955 年から 1995 年までのデータをまとめたものが表 5-3 である。戦前における龍野の薄口醬油市場は京阪神を中心とする関西にあったが，表 5-3 をみると，1955 年の龍野の薄口醬油の出荷量は 21,335.1kl で，その 86.4% が近畿向けであった。内訳は，大阪 44.0%，兵庫 20.5%，京都 16.8% となっており，大阪・兵庫・京都で 81.3% を占めていた。龍野では，近畿から四国や中国にも特約店網を充実させ売込みがはかられており，高知・愛媛・香川などの四国向けの出荷量が薄口醬油の出荷総数の 6.0%，広島・岡山などの中国向けのそれが 5.3% となっていた。高知への進出の際には，広告塔を建設し，料理教室や芸能大会を開催して需要の喚起につとめたという。その後の高度成長期には，大阪・兵庫・京都を含む近畿への出荷量の伸びを四国や中国への出荷量の伸びがやや上回っていた。そして，1960 年代後半には，愛知や東京への出荷もみられるようになった。高度成長の終焉とともに，大阪・兵庫・京都を含む近畿への出荷量が停滞・減少するなかで，新たな市場として，東京を中心とする首都圏や，愛知を中心とする東海圏への出荷量が増加し，龍野の薄口醬油の出荷総数の維持がはかられていたと思われる（龍野醬油協同組合, 1975：183-192；龍野醬油協同組合要覧編集委員会, 2001：142-143）。

[謝　辞]
本研究は，文部科学省「平成 29 年度私立大学研究ブランディング」の「「寄り添い型研究」による地域価値の向上」の助成を受け実施した。

【文　献】
龍野市史編纂専門委員会［編］(1981).『龍野市史 第二巻』龍野市
龍野市史編纂専門委員会［編］(1985).『龍野市史 第三巻』龍野市
龍野醬油協同組合［編］(1975).『龍野醬油協同組合要覧 昭和 47 年』龍野醬油協同組合
龍野醬油協同組合要覧編集委員会［編］(2001).『龍野醬油協同組合要覧 平成 11 年版』
　　龍野醬油協同組合
西向宏介（1993).「幕末期の龍野醬油業と中央市場—大坂市場論の再検討」有元正雄先

生退官記念論文集刊行会［編］『近世近代の社会と民衆』清文堂出版，pp.201-231.
長谷川彰（1993）．『近世特産物流通史論―龍野醤油と幕藩制市場』柏書房
横山敬三［編］（1915）．『龍野醤油醸造同業組合要覧』龍野醤油醸造同業組合組長 横山
　　敬三発行

第6章
養殖カキの現状と課題
寄島町漁協での試みを中心に

木村史明・井尻昭夫

　冬の味覚の王者であるカキは，日本だけでなく世界中で古くから好まれてきた。とりわけ日本においては，スーパーでむき身パックを手軽に買うというライフスタイルのなかで，半世紀にわたってカキはコモディティであった。生産者は利益確保のために生産量を増やし，費用を抑えるといった具合に，効率重視の対応を主流とするのが従来の姿勢だったともいえる。

　それが近年では欧米で主流の殻付き生食をメインとしたオイスターバーなどの流行もあって，「＊＊産のカキ」といった具合に，ブランドを意識したこれまでにない消費のスタイルも現れてきた。消費の二極化と呼ばれる現象が示唆するように，「高くてもおいしいものには金を出す」という消費者が増え，よりおいしいカキを求める傾向が顕著になってきた。そして情報発信手段の飛躍的な増大と，冷凍・冷蔵技術や輸送技術の向上が整い，カキ生産者は手間暇をかけ，矜持をもって良質な商品を世に送ることができる環境が実現されるようになったのである。

　本章では寄島町漁業協同組合でのカキ生産，流通の状況を調査・分析することにより，生産者がそれをどのように生産し，どのように流通させているかを商品研究の視点から検討していくことになる。

1 はじめに

　冬の味覚の王者であるカキは，日本だけでなく世界中で古くから好まれてきた。近年では欧米で主流の殻付き生食をメインとしたオイスターバーなどの流行もあって，「＊＊産のカキ」といった具合に，ブランドを意識したこれまでになかった消費のスタイルも現れてきた。本章の目的はカキについて，生産者がそれをどのように生産し，どのように流通させているかを商品研究の視点で明らかにすることにある。

　筆者が調査をおこなった旧寄島町（現浅口市寄島町）は，岡山県南西部の海辺に位置し，古くから漁業が盛んな地域である。1977年からカキ養殖を開始し，その後，生産が停滞した時期もあったが，全国のカキ産地で生産量の減少がつづくなかで近年は順調に生産を増加させている。本章では寄島町漁業協同組合（以下，寄島町漁協）でのカキ生産，流通の状況を調査・分析し，養殖カキの現状と課題を明らかにする。

2 カキ養殖の現状

1）生産量の推移

　日本で生産されているカキは何種類か存在するが，そのうち流通している多くは養殖のマガキである。図6-1にみるように，カキ養殖は1960年前後に生産量を急激に増加させ，1988年の270,858トンをピークにおおむね26万トン前後で推移してきた。1970年代は赤潮の影響などで生産量のばらつきが大きいが，それでも20万トンから25万トンの生産量があり，1990年頃から右下がりに推移し，2010年以降は16万トン前後，ピーク時の60％程度に低下している。

　2015年の統計では，全国で2,018の経営体がカキ養殖をおこなっており，生産量と同様に減少傾向がみられる。岡山県でカキ養殖をおこなっているのは6漁協，151経営体である（石黒・村山，2016）。

　養殖カキの生産量は気象条件や市況によって大きく左右され，一般的にいって，生産規模は養殖をおこなう筏の数で示される。生産量，歴史ともに主流である岡山県東部の4漁協では筏数が減少しているのに対して，西部2漁協は大

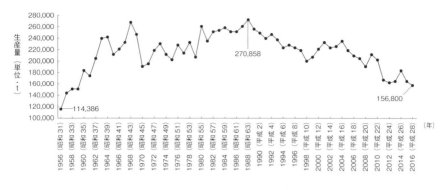

図6-1　全国養殖カキの年次別生産量の推移（出典：農林水産省「海面漁業生産統計調査（長期累年）」，農林水産省「平成28年漁業・養殖業生産統計」から筆者作成）

幅に筏数が増加している。今回調査した寄島町漁協は岡山県の西部に位置し，筏数は2009年61台から2016年82台へと，7年間で34.4％の伸びを示している[1]。

2）カキ養殖漁業者の一年

　カキの生産がはじまるのは夏である。7月後半，水温が上がるとカキが放卵と放精をはじめ，受精した卵は幼生となり，海面を漂う。これをコレクターと呼ばれるホタテ貝で採取する——これが「採苗」と呼ばれる行程である。
　岡山県の場合，日生町漁協や邑久町漁協などの県東部では採苗が実施されているが，寄島町漁協など岡山県西部の海域では，種牡蠣屋と呼ばれる業者から種牡蠣を購入している。県内全体では種苗の7割が地物，3割が広島県産である（石黒・村山, 2015）。
　寄島で採苗がおこなわれないのは，採苗に必要な2年もののカキがないこと，また，寄島ではカキの餌になるプランクトンが豊富で，実が大きくなってしまい夏場に多くが死滅すること，そして，採苗それ自体が不安定なため，シーズンオフの3月から7月の採苗まで維持管理するよりも，確実な種牡蠣を専門業者から購入するほうがコスト面で有利であることが理由として挙げられる。し

---

[1] 石黒・村山（2016）と，寄島町漁協への聞き取り調査による。

かし，この方法にもリスクはある[2]。世界的にはタンクの内部で採苗を人工的に実施する方法が主流となっており（畠山，2006：58），採苗は養殖カキ生産の今後の課題だともいえる。

　採苗後は「抑制」という行程に移行する。コレクターを干潟の棚に吊るし，潮の緩慢を利用しながら，海水に浸かったり海上に出たりを繰り返す過酷な環境のもとで，生命力の強いカキだけが残される。カキの出荷シーズンが終わると，次のシーズンの準備が開始される。寄島では5月のゴールデンウィーク前後に，生産者は稚貝が固着したコレクターを，ロープの撚りに挟み込むように固定する。寄島では湾内の筏設置場所が浅いために，中央が下になるようにロープの両端をつり下げ筏に固定されている[3]。

　この筏の規格に関しては全国的な基準はないが，養殖業者が一定の水域を占有するために漁業権を支払う必要があることから，各漁協で慣習的に統一されている。寄島の筏式養殖では孟宗竹が使われており，その規格は38m×13mで，開始当時から変わっていない。

　筏設置場所は湾内と湾外の2か所があり，7月から台風シーズンが終わるまでは湾内の筏に固定してゆっくりとカキを成長させ，秋祭り（10月初旬）が終わると，筏ごと湾外へと移動させる。湾外はエサとなるプランクトンが豊富な

図6-2　出荷前のカキ

---

2) たとえば，2015年度は，広島での採苗不良により十分な稚貝を確保できず，生産量を低下させた。
3) 一般には，ワイヤにプラスチック製のスペーサを約20cmの間隔が空くように交互に通して，垂直に筏に吊り下げる。

ために成長が早く，出荷時期を図りながら最終的な成長を待つ。11月になるとシーズンに入り，出荷・販売の開始である。早朝から湾外の筏のカキを引き揚げ，加工場での洗浄・選別・加工作業を経て商品となる。

3 養殖カキ流通の現状

1）卸売市場による水産物流通について

カキは市場での取引が2割程度[4]で，市場外流通が圧倒的に多いことを特色としている。たとえば，全国の6割を生産する広島県産のカキの流通量をみてみると，築地の東京卸売市場における取引は1％以下[5]でしかないが，そのことは大生産地ほど独自の流通網があることを示唆している。

一般に生鮮水産物流通において，売買をおこなう主要な場所は消費地卸売市場と産地市場である。前者は，全国の都道府県庁所在地に開設されている中央卸売市場であり，そのほとんどは農林水産省が管理している規模の大きな市場である。後者は，都道府県が管轄・管理しており，漁協など卸売業者が開設している場合が多い。ちなみに寄島町漁協は地方卸売市場として，寄島漁業協同組合市場を開設している。

漁業者は魚を市場に持ち込み，卸売業者に販売を委託する。卸売業者は，漁業者の販売代理人となって，セリや相対で魚を販売し，定率の販売手数料をとる。魚が高く売れれば売れるほど，両者はともに利益があがるシステムになっている。産地卸売市場では市況を見据えながら，現地販売分および消費地卸売市場販売分を決める。

魚は個体差が大きく，一つひとつが独立商品としての性格をもっていることから，魚の大きさや含脂率で，販売先が異なる。この仕分けには目利きが必要で，これをおこなう産地卸売市場の役割は重大である。これに対してカキの場

---

4) 農林水産省「消費地水産物流通調査」（2006年調査で廃止），「海面漁業生産統計調査」をもとに，主要消費地卸売市場（10都市中央卸売市場）において取引されたカキの卸売数量の割合を算出。1988年が30.0％，2008年には23.9％に減少している。

5) 東京都中央卸売市場市場統計情報〈http://www.shijou-tokei.metro.tokyo.jp/（最終閲覧日：2017年10月24日）〉より，2016年度の取引量から筆者算出。

合には，細やかな生産量調整が容易であり，また品質調整も可能であることから産地卸売市場を通すメリットは小さい。このために当初から，市場外取引での流通が主流であった。そこでは，カキ専業の卸業者が漁業者からむき身のカキを買い集め，大ロットで業務用に卸すシステムが成立しているのだ。

寄島では1977年にカキ養殖が開始され，当初は全量を福山地方卸売市場の卸売業者へもちこんでいた。当時のカキ養殖拡大期に，この流通システムが確立されている。また，岡山県漁業協同組合連合会（以下，岡山漁連）の加工工場のある日生町漁協でも，現在，生産量の90％以上が岡山漁連へ出荷されており，カキはコモディティそのものとして受けとめられている。

2）直売所での販売と新たな試み

カキの流通をめぐっては大規模な消費地市場のほかに，「産直市場」や「道の駅」などと称される，全国各地で水産物の現地販売をおこなう直売所がある。直売所の経営主体はさまざまであり，漁業者が自前の製品を持ち込んで販売する直売所をSPA[6]として評価する動きもある[7]。

寄島のカキ直売所はそのすべてが生産漁業者による個人営業である。漁協に隣接するカキ加工場の入口に看板を掲げ，小売商や一般客にカキの販売をおこなっている。販売価格は，漁協のほうで殻付き，むき身それぞれの最低価格を決めており，その価格以上で販売されることになる。販売時間は各店の判断に委ねられているが，筏から帰港して加工場で洗浄・選別作業をおこなうと同時に開店されることになる。閉店は漁協への出荷が終わる頃で，おおむね9時から16時が販売時間となる。休業日も自由であるが，漁協の市場が休みになる水曜日の前日，すなわち火曜日に休む業者が多い。売れ残ったカキは，ネットに入れて目前の海に沈めておくことで生産調整をおこなっている。

このカキ加工場での直売の動機は，当初はむき身出荷が主流だったため，出

---

6) Specialty store retailer of Private label Apparel の略で，小売業者が生産から販売まで一貫して担う形態のこと。
7) 濱田（2011）は，直売所を水産版SPAと捉え，すでに崩壊した地域・地場流通の代替機能を機にした，生産者によるマーケティング活動のはじまりではないか，と指摘している。

荷の作業をしながら客の注文に応えているうちに自然に開始されたもので，通称「丘売り」と呼ばれていた。そして次第に，作業所の入口に看板や販売価格を掲示するようになり，1990年頃になると，それは海岸沿いに店舗が並ぶ商店街のように発展することになった。しかし，この時期は全国のカキ生産が急激に落ち込んでいた時期で，寄島でもむき身出荷が低調であったことから丘売りを強化せざるをえず，このことが逆に，現地販売を本格化させる契機になったとも考えられる。

寄島でのカキ養殖自体は後発である。当時寄島には，主流であったむき身を出荷するためのカキ専業の卸売業者の拠点がなかったことから，他のカキ生産地よりも規模的にも地理的にも不利な状況にあった。しかし，隣接する寄島市場は産地市場としては県内最大級の取扱量を誇る市場で，早朝から多くの卸売業者，小売店，行商人が仕入れのために来場する。カキは市場でのセリの対象にはならなかったが，こういった業者がカキ加工場（直売所）に直接買いつけにきたので，比較的小ロットでの販売に対応できた。

その一方で，一般消費者への小売りもはじまり，1990年代後半になると殻付きカキの丘売りがむき身出荷量を上回り，現在その比率は，8割前後[8]となっている。この発展の背景には，おいしいものを追求する消費者心理があると考えられるが，そもそも殻付きカキはその80％が殻（いわば「産業廃棄物」となる部位）であり，物流における効率面で問題を抱えているということがある。このことから，殻付きのカキを販売しやすい丘売り販売のウエイトが高くなったと推測できる。さらに石原と忽那（2013）によれば，商品情報の少ない買い手にとっては，ブランドと店舗が信頼性を確保する手段である，とも指摘できるという。寄島のカキ直売所は，生産者直営の安心感と信頼を与えるものであることから，取引の反復性を高めているともいえるのである。

他方，直売所を通じた販売にも欠点が存在する。カキ生産の最盛期は12月であり，生産量が増えるにしたがって次第に販売が長期化することになる。3月頃まで販売をおこない，販売できなかったものは産業廃棄物として処理され

---

8) 複数の生産者に聞き取り調査を行っているが，プライバシー保護の観点から大まかな割合にとどめる。

ることになるのだ。これを補うのが従来のむき身出荷であるが，需給関係から卸売業者による買い取り価格が下がる[9]。

寄島町漁協では 2013 年から組合による販路拡大の取り組みが開始された。直売所の売上が減少する 1 月から 3 月にかけて，県外の得意先とインターネットを介した直接販売をはじめ，大都市のカキ小屋などを対象に新規開拓をおこなったのである。その結果，年明け以降の販売は増加し，むき身出荷のウエイトが下がった。そして，卸売業者の買い取り価格は高値で下げ止まるようになったのである。さらに付言しておくと，大都市での需要は春以降もつづくことから，従来よりも長く，5月まで販売を継続するようになった。

3) 生食への対応

貝類は加熱したり貝柱だけを生で食べたりすることがあっても，内臓ごと食べることは一般的ではない。しかしながら，生のままのカキを好む人も多く，内臓ごと食されることもある。このために，カキについては食品衛生法，あるいはそれを管轄する厚生労働省が規格基準[10]を定め，各都道府県の保健所による指導・管理が実施されている。

生カキには「生食用」と「加熱調理用」の二つの種類があるが，これらの違いは滅菌しているか否かによる。鮮度の善し悪しで，新鮮なものが生食であると一般に誤解される傾向があるが，生食用のカキは滅菌を施すことで食中毒[11]のリスクを科学的に回避したものといえる。滅菌の方法は，カキを滅菌海水に入れ，20 時間以上[12]生かしてから出荷する，というものである。滅菌海水には，紫外線殺菌装置により海水を殺菌したものと，海水に塩素を溶かし込んだものの 2 種類がある。生食用のカキがカルキくさいといわれるのは，この塩素殺菌のせいである。

---

9) たとえば，5kg の買い取り単価は次のように変化する。
　12 月：2,000 円，1 月：1,500 円，2 月：1,000 円，3 月：600 円
10) 「食品，添加物等の規格基準」（昭和 34 年厚生省告示第 370 号）において，生食用かきの成分規格，加工基準，保存基準が定められている。
11) カキの食中毒は細菌によるものとウイルスによるものがある。
12) 東京都は 24 時間以上，宮城県は 22 時間以上など，都道府県によって時間は異なる。

また，カキを取り扱う際には業者としての登録と，処理場の登録・検査が義務づけられているほか，海域ごとの水質検査も実施されており，規定の数値に達しない海域ではシーズン中でも生食での出荷が禁止されている。寄島では2013年度までは生食用を生産していたが，2014年度から加熱調理用のみの生産をおこなうことを申し合わせて，全生産者がそれを遵守している。食中毒というリスクを可能な限り回避して，ブランド力の維持を図っているのである。

4）冷凍技術の進展と6次産業化への試み

　カキの旬は冬であるが，季節外にもカキの需要はある。しかしマガキは夏に産卵するので，その時期には身が痩せてしまい生産ができない。これに対応する方法は二つ，すなわち産卵しない品種のカキを育てることと，冷凍技術を向上させること，である。

　冷凍保存はカキに限らず，比較的以前から試みられてきた。しかし，従来のバッチ式フリーザー（パンに載せて凍結させる）や，スパイラルフリーザー（冷凍庫の中をスパイラル状に回転させて凍結させる）では，凍結するまでの時間が30分程度と長く，ドリップが多いためおいしさを維持することができない。そこで近年では，スチールベルト式エアーブラスト凍結装置という技術を用いることによって，カキを一粒ずつ凍結させている。

　この技術を用いた装置では，入口で冷却されたステンレス製のベルトに載せられたカキが40-50mの冷凍庫内を通過する過程で，急速冷凍される仕組みになっている。庫内は-35--40℃に調節されており，むき身にしたカキの場合，10分程度で中心部が-10--15℃になる。出口でベルトからスクレーパーでこそぎ落とし，霧状の冷水を吹きかけるブレーズという行程によって乾燥を防ぐことができる。きちんとブレーズすることにより，半年以内から1年半のあいだの保存・消費が可能になる[13]。寄島では5月以降，大きく成長したカキを冷凍保存することにより，燻製などの加工食品への用途を模索している。いわゆる6次産業化[14]への試みである。

---

13) 2017年11月13日，タカノブ食品株式会社（広島県福山市）への取材による。

4 結びにかえて：養殖カキの課題

　本章では商品としてのカキとその流通について論述を展開してきた。スーパーでむき身パックを手軽に買うというライフスタイルのなかで，半世紀にわたってカキはコモディティであった。生産者は利益確保のために生産量を増やし，費用を抑えるといった具合に，効率重視の対応を主流とするのが従来の姿勢だったわけである。

　しかし，消費の二極化と呼ばれる現象が示唆するように，「高くてもおいしいものには金を出す」という消費者が増え，よりおいしいカキを求める傾向が強くなってきた。そして情報発信手段の飛躍的な増大と，冷凍・冷蔵技術や輸送技術の向上によって，カキ生産者は手間暇をかけ，矜持をもって良質な商品（マーチャンダイズ）を世に送ることができる環境が実現されるようになったのである。

　筆者が調査をおこなった寄島は，生産規模が大きくないだけに，旧来の流通とのしがらみが少ないことから新たな流通を模索しやすく，また，個々の生産者が積極的にマーチャンダイジングをおこないやすい状況にある。当該地域における17軒の生産者が結束すれば，一つの産地市場を形成することもできる状況にある。生産者と利害を一体にする漁協が産地市場のコアとなり，漁協そのものがマーケティングを担当することで，一定品質の商品を安定的に供給する体制が可能となってきた。

　今後，寄島の養殖カキを発展させるためには，新たな市場開拓が必要であろう。たとえば，若者に向けた新しいレシピの提案やそのための料理コンテストの開催など，カキになじみが薄い層への需要喚起，カキの活用分野を新たに開拓普及することによって，市場を掘り起こす必要がある。これを担うのは個々の業者ではなく，17業者を取りまとめて組織的な活動をおこなうことのできる寄島町漁協であり，日々の業務とともに将来を見据えた戦略的活動が必要である。

---

14) 農林水産省によれば6次産業化とは「1次産業としての農林漁業と，2次産業としての製造業，3次産業としての小売業等の事業との総合的かつ一体的な推進を図り，農山漁村の豊かな地域資源を活用した新たな付加価値を生み出す取組のこと」〈http://www.maff.go.jp/j/shokusan/sanki/6jika.html（最終閲覧日：2018年2月20日）〉。

【文　　献】

石黒貴裕・村山史康（2015）．「平成 26 年度カキ養殖概況」『岡山県農林水産総合センター水産研究所資料（平成 26 年度）』〈http://www.pref.okayama.jp/uploaded/attachment/206368.pdf（最終閲覧日：2017 年 10 月 1 日）〉

石黒貴裕・村山史康（2016）．「平成 27 年度カキ養殖概況」『岡山県農林水産総合センター水産研究所資料（平成 27 年度）』〈http://www.pref.okayama.jp/uploaded/attachment/213116.pdf（最終閲覧日：2017 年 10 月 1 日）〉

石原武政（2000）．『商業組織の内部編成』千倉書房

石原武政・忽那憲治［編］（2013）．『商学への招待』有斐閣

岡山農林統計協会（2011）．『岡山県漁業の動き』岡山農林統計協会

見目洋子・神原　理［編著］（2006）．『現代商品論』白桃書房

谷口澄夫・後藤陽一・石田　寛（1978）．『瀬戸内の風土と歴史』山川出版社

中国四国農政局広島農政事務所（2011）．『ひろしま海のかき物語』中国四国農政局広島農政事務所

土井作治（2015）．『広島藩』吉川弘文館

西川　太（1980）．『岡山の漁業』日本文教出版

農林水産省（2008）．「平成 18 年水産物流通統計年報」〈http://www.e-stat.go.jp/SG1/estat/List.do?lid=000001037877（最終閲覧日：2017 年 11 月 24 日）〉

農林水産省（2010）．「2008 年漁業センサス第 2 巻海面漁業に関する統計（都道府県編）」〈https://www.e-stat.go.jp/SG1/estat/GL08020103.do?_toGL08020103_&tclassID=000001026546&cycleCode=0&requestSender=dsearch（最終閲覧日：2017 年 10 月 24 日）〉

農林水産省（2015）．「2013 年漁業センサス第 2 巻海面漁業に関する統計（都道府県編）」〈http://www.e-stat.go.jp/SG1/estat/List.do?bid=000001061394&cycode=0（最終閲覧日：2017 年 10 月 24 日）〉

畠山重篤（2006）．『牡蠣礼賛』文藝春秋

濱田英嗣（2011）．『生鮮水産物の流通と産地戦略』成山堂書店

三ッ井光晴（1991）．『現代商品開発論』中央経済社

山本紀久雄（2003）．『フランスを救った日本の牡蠣』マルト水産

山本紀久雄（2010）．『世界の牡蠣事情 2005-2010―世界 14 カ国，あなたの知らない牡蠣のすべて』マルト水産

寄島町文化財保護委員会［編］（1991）．『寄島町誌 第二集』寄島町

【引用・参考ウェブサイト】

岡山県漁業協同組合連合会〈http://www.oygyoren.jf-net.ne.jp/（最終閲覧日：2017 年 10 月 3 日）〉

東京都中央卸売市場「市場統計情報」〈http://www.shijou-tokei.metro.tokyo.jp/（最終閲覧日：2017 年 10 月 24 日）〉

広島県漁業協同組合連合会〈http://www.hs-gyoren.jp/index.html（最終閲覧日：2017年11月13日）〉

第7章
B級グルメにみる食と観光の地域性

大石貴之

　B級グルメやご当地グルメといった言葉は，食を活かした観光資源として，広く認識されるようになった。観光は，非日常を体験する行為であるが，食事をするという行為はきわめて日常的なものである。したがって，日常的な食を非日常的な観光に結びつけるためには，地域の創意工夫が必要である。

　食を観光資源とする場合，地域に求められるのは，食がいかに地域と結びついているか，いわゆる地域性が重要な意味をもつ。本章で対象とするのは，岡山県真庭市蒜山地域においてB級グルメとして知られる「ひるぜん焼そば」である。

　1950年代に地域で流行したタレを使った焼きそばは，地域振興の手段として見出され，B-1グランプリで1位を獲得したことから，多くの観光客を集める強力な観光資源として成立した。以降，ひるぜん焼そばを推進する団体は，新メニューの開発や，他地域との連携などさまざまな活動を通じて，ひるぜん焼そばのもつ地域性を変化させてきた。本章では，ひるぜん焼そばを用いた地域振興の現状を手がかりとして，食と観光の地域性について検討する。

1 はじめに：食と観光

　現在，日本においては地方都市や農村地域を中心として，地域振興やまちおこしという名目で，観光を推進するさまざまな取り組みが実施されている。とくに近年は，国の政策として地方創生が掲げられていることもあり，地域を盛り上げる手段としての観光が一般的に認知されるようになった。地域の特色を活かして観光化をすすめる場合，食に着眼した方法が多くの地域で採用されている。観光は「非日常を体験すること」といえるが，食べることは，人が生活するうえで必須の行為である。したがって，日常的な食を非日常的な観光に結びつけるためには，地域の創意工夫が必要である。

　食をテーマとした観光は，「フードツーリズム」あるいは「食旅」などと呼ばれ，尾家 (2010) はその定義について「食を観光動機とした観光旅行であり，食文化を観光アトラクションとする観光事業である」と規定している。食に関する観光は古くから存在し，食の原料生産を担う農業と観光，あるいは農産物加工と観光という形態で，都市住民の観光を担ってきた。たとえば農業と観光については 1950 年代から，都市近郊地域における観光農園が発展してきた (呉羽, 2013)。また，農産物加工と観光については，1960 年代から工場見学の一形態として，ビールやワインなどの醸造業を中心とした食品工場の見学がおこなわれてきた (須田, 2015)。このような観光形態は，現在ではそれぞれ「グリーンツーリズム」や「産業観光」などと呼ばれ，地域資源を活用した新たな観光であるニューツーリズムの一分野を形成している。

　ところで，本章で対象とするフードツーリズムもニューツーリズムに分類される。それは「調理された食」に関わる観光であり，食の原料生産を担う農業や加工を担う工業ではなく，飲食店を中心とする商業に関連づけられるものである。したがって，フードビジネスという観点からみた場合，フードツーリズムに関する実践的な研究の多くは，農商工連携あるいは 6 次産業化に関わる地域の観光について検討したものである (安田・才原, 2011；関・古川, 2008)。

2　B級グルメとB-1グランプリ

　食と観光の中核をなす用語として，B級グルメやご当地グルメがある[1]。B級グルメとは，高級食材によって作られる料理（A級）よりも低価格で，なおかつ，地域住民が日頃から食している庶民的な料理を意味する用語である。また，ご当地グルメは，より地域性を意識した用語であり，地域活性化における庶民色が意識されることが多い（安田，2013）。

　B級グルメという用語が一般的に広く認知されるようになった契機の一つに，「ご当地グルメでまちおこし団体連絡協議会（通称：愛Bリーグ）」が主催する「B-1グランプリ」の存在を挙げることができるだろう。B-1グランプリは，青森県八戸市の郷土料理である八戸せんべい汁を全国に広めようとする団体によって，2004年に企画された地方のB級グルメを集めた全国大会である（小林，2012）。B-1グランプリの第1回大会は，2006年に青森県八戸市において10団体が参加して実施された。そのときのグランプリは「富士宮やきそば学会」であったが，この団体は翌年開催の第2回大会においてもグランプリを獲得し，それによって富士宮やきそばの名が全国に知られるようになった。なお，B級グルメによるまちおこしを統括する「愛Bリーグ」の設立は第2回大会の2006年のときであり，これ以降，B-1グランプリへの参加はこの団体に加盟することが条件となっている。その後，B-1グランプリは2017年現在に至るまで，年に1回の頻度で開催され，2006年当時に10団体であった愛Bリーグの加盟数は，2017年現在で63団体と，脱退する団体もあるものの規模は拡大傾向にある。

　このように，B級グルメの発展においてB-1グランプリが果たした役割は大きいといえるが，主催団体である愛Bリーグは，2013年の第8回大会からB級グルメという肩書きを外している。なぜなら，B級グルメで用いられる「B級」という表現には，品質の悪いもの，あるいは粗悪なものという印象が強く，B-1グランプリというイベントが批判的に解釈されるケースもあったためである[2]。こうした経緯をふまえたうえで，B-1グランプリはグルメイベントでは

---

1) あるいは，両者を包括する用語として「B級ご当地グルメ」という用語が使用されることもあるが，研究者によってその使い方はさまざまである。
2) http://b-1grandprix.com/（最終閲覧日：2017年11月24日）

なく，地域をPRするイベントであるという当初の理念に立ち返ることになった。そして「B-1グランプリ」と「B級グルメ」とは別のものであるという立場が明確化され，B-1グランプリの「B」はBRANDを意味すると再解釈されることになる。それでも，地域ブランドとしてのご当地グルメをまちおこしの手段とする方向性そのものは維持されており，地域振興における食の重要性を否定するものではないともいえる。

地域活性化の手段としてB級グルメを活用する事例は全国各地にみられるが，安田亘宏（2015）は，その取り組みには二つのタイプがあると指摘している。一つは，地域固有の郷土食の特異性や集積に気づき，観光資源化されたB級グルメであり，「発掘型B級グルメ」と呼ばれる。もう一つは，地域住民によって食べられていたものではなく，新たに開発されたB級グルメであり，「開発型B級グルメ」と呼ばれている。前者は，1990年代から2000年代前半に登場したもので，すでに地域住民によって認識されていることから，地域活性化の手段として利用されやすい。他方で後者は，新たに開発されたものであるため，地域住民の共感を獲得しにくいという特徴がある。すなわち，食を観光資源として活用するためには，食にまつわる地域性をブランドとしていかに価値づけできるかが重要である。そこで本章では，B級グルメを事例として，食を活かした観光の地域性を検討することを目的とする。

3　B級グルメと観光の事例：ひるぜん焼そば

1）蒜山地域におけるB級グルメ

蒜山地域[3]が位置する真庭市は，真庭郡を中心とする9町村[4]が2005年に合併して誕生した自治体である。当該地域は高度経済成長期より西日本でも有数の高原リゾート地として知られ，夏季になると登山客やハイキング客，冬季になるとスキー客で賑わう観光地であった。しかし近年では，観光需要の変化や団体旅行の減少にともなって観光客が減少傾向にあることから，1990年代よ

---

[3] 蒜山地域は，合併前の川上村，八束村，中和村にあたる地域を指す。
[4] 9町村とは，上房郡北房町，真庭郡勝山町，落合町，湯原町，久世町，美甘村，川上村，八束村，中和村の各町村を指す。

り，観光とならぶ主要産業である農業を活かした観光振興がすすめられた。

　もともと蒜山地域には，郷土食といわれるものに「蒜山おこわ」が存在したものの，これが地域振興の手段として活用されることはなかった。それに代わって，蒜山地域における地域振興の手段として活用された食が「焼きそば」である。一般的な焼きそばが味つけにソースを使用するのに対して，蒜山地域における焼きそばは，タレを使用することに特徴がある。蒜山地域では1950年代から，当時の岡山県知事の発案により高原をイメージさせるジンギスカンを地域の新たな食として取り入れ，各家庭で独自のタレをつくることが流行していた（岡山県商工部観光物産課, 1982）。このタレはジンギスカンのほかにもさまざまな料理に取り入れられ，そのなかに焼きそばも含まれていたことから，蒜山地域特有の焼きそばが誕生する契機となったのである。タレを用いた焼きそばは，地域の飲食店においても提供され，そのなかでも地元の評判の高かった飲食店の焼きそばが，蒜山地域のご当地グルメである「ひるぜん焼そば」の原型となっている。

　この飲食店で提供されていた焼きそばを地域振興に利用しようと考えたのが，2000年代に真庭市の職員であったT氏である。この頃は，B級グルメを利用した地域振興が各地ですすめられており，T氏がこれに影響されたこと，また，ひるぜん焼そばの原型となった飲食店の経営主が亡くなったことから，その味を残そうと考えたことが背景にあった。また，2008年に開催されたB-1グランプリ第3回大会において，同じく岡山県北部の「津山ホルモンうどん」が3位になったことによって，津山ホルモンうどんを提供する飲食店に行列ができたことも大きな影響を与えた。

　B級グルメによる地域振興を試みるにあたり，愛Bリーグへの加盟を目指すため，T氏主導でひるぜん焼そばを活用した組織化がすすめられた。このときT氏は，焼きそばをメニューとして提供可能な飲食店に呼びかけ，2008年に8店舗からなる「ひるぜん焼そば好いとん会」（以下，好いとん会）[5]が設立された。その後，1店舗の廃業と3店舗の新規加盟を経て，同会は2017年時点で10

---

5)「すいとん」とは岡山弁で「好き」を意味する「好いとん」と，地域のキャラクターである「スイトン」をかけた言葉である。

店舗により構成されている。好いとん会は，愛Bリーグには2010年に加盟し，同年の第5回厚木大会において2位を獲得，翌年の第6回大会においてグランプリを獲得している。好いとん会は第5回大会において18,000食を売り上げたが，当時は資金がなく，各店舗から資金を募っていた。現在では，好いとん会の開発した，ひるぜん焼そばに関連する商品の売り上げによる収益をイベントの参加費や同行者の給料に充てている。なお，2009年に開催された愛Bリーグの総会において，「蒜山焼きそば」という名称で参加したが，「蒜山」という名前が一般的に浸透しなかったことから，現在の「ひるぜん焼そば」という名称に変更した経緯がある。

2) ひるぜん焼そばの定義

好いとん会における「ひるぜん焼そば」の定義としては，蒜山高原のキャベツと鶏肉を使用していることと，ソースではなくタレを使用していることがあげられる。このタレは，各店舗が独自に作成したものを使用しており，それぞれに異なるひるぜん焼そばの味を楽しむことが，好いとん会によって推奨されている。また，鶏肉が具材として定義されている理由は，ひるぜん焼そばの起

図7-1　ひるぜん焼そばのガイドマップ[6]

源となった店舗が鶏肉を使っていたことに由来しているが，鶏肉が蒜山地域の特産というわけではない。好いとん会が作成するひるぜん焼そばのガイドマップには，各店舗で使用している鶏肉が親鶏か若鶏かという記載がみられるが，これも蒜山の地域性を強調するものではない（図7-1）。

また，近年の新たな取り組みとして，各店舗では「あさぜん焼そば」や「よるぜん焼そば」という，ひるぜん焼そばとは異なる商品を提供している。あさぜん焼そばとは，目玉焼きをひるぜん焼そばにのせたもので，朝限定で提供される商品である。あさぜん焼そばの導入は，好いとん会がB-1グランプリにはじめて出場した第5回大会において，横手やきそば暖簾会（以下，暖簾会）の隣に出店し，そこから両者の交流が開始されたことを契機としている。横手焼きそばの特徴は，目玉焼きを乗せた焼きそばであることから，朝のイメージがある目玉焼きを使った焼きそばを，「あさぜん焼そば」として提供しようと考案された。パンフレットには，先方の許可を得て，暖簾会と提携していることが明記されている。暖簾会との関係は，蒜山地域における冬のイベントにおいて，横手市で有名なかまくらを作成するなど，食以外の連携も盛んにおこなわれている。

一方のよるぜん焼そばは，蒜山地域において観光客の滞在時間が短いことから，飲食店での飲酒を目的として提供しようと考案された。よるぜん焼そばの定義は，切り干しダイコン，ニラ，ホルモンのいずれかを焼きそばに入れることであり，ダイコンが蒜山高原の特産であること以外，とくに地域に由来する特徴はなく，各飲食店で酒のつまみとして提供されていた食材を入れることを特徴としている。

3）ひるぜん焼そばによる地域振興

ひるぜん焼そばがB-1グランプリにおいて好成績をおさめた2010年頃から，ひるぜん焼そばを求めて多くの観光客が蒜山地域を訪れるようになった。好いとん会に加盟する各店舗では，昼食の時間帯に行列ができるほどの盛況となり，ひるぜん焼そばは地域における代表的なご当地グルメとして県内外において認

---

6) http://cms.top-page.jp/photolib/maniwa/2812.pdf（最終閲覧日：2018年2月20日）

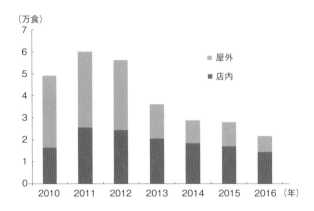

図7-2　道の駅「風の家」におけるひるぜん焼そばの販売量の推移
（道の駅「風の家」提供資料より作成）

識されるようになった。図7-2は，道の駅「風の家」におけるひるぜん焼そばの販売量の推移を示したものである。当初，道の駅では，焼きそばを提供していなかったが，B-1グランプリでの好成績を受け，また，そこが蒜山地域における観光の拠点であることから，2010年より道の駅内の飲食スペースにおいてひるぜん焼そばを提供することとなった。また，4-10月の期間限定で屋外にテントを設置し，2010-2012年においては土曜・日曜，以降はゴールデンウィークや夏休みなどの長期休暇中に，イベントとしてひるぜん焼そばを提供した。風の家におけるひるぜん焼そばの販売量は，2011年をピークとして2013年に急減するものの，以降は3万食前後で安定的に推移している。

　好いとん会では，ひるぜん焼そばがブームとなった2010年頃，食品メーカーと提携したさまざまな商品を発売してきた。たとえば，ひるぜん焼そばのタレは代表的な商品であり，現在も好いとん会が実施するイベントで提供されるタレとして使用されるほか，土産物として販売されている。この商品については当初，大手食品メーカーとの提携が模索されたが，大ロットでの販売が必要であることから，北海道にあるメーカーとのOEM契約を2010年に提携した。また，現在も販売が継続されている商品として，横手焼きそばを商品化したメーカーと提携して土産用の麺を開発した。この商品は，会員である店舗に300円で提供し，2010年には12-13万本を売り上げたものの，2017年現在は，当時

表7-1 ひるぜん焼そば好いとん会の活動内容（2016年）（ひるぜん焼そば好いとん会提供資料より作成）

	イベント出店 （ひるぜん焼そばの提供）	その他の活動
1月		・ラジオ番組，テレビ番組（3件） ・JTB 知恵のたび視察対応 ・愛 B リーグ関西・中国・四国支部総会
2月	・ひるぜん雪恋まつり ・青梅マラソン ・そうじゃ吉備路マラソン	・雪恋まつり「かまくら製作」 ・好いとん会会議
3月	・たかつき産業フェスタ	・ラジオ番組
4月	・さいき春まつり ・阪神甲子園球場での提供 ・ひるぜん天の岩戸さくらまつり ・御前酒まつり	・ひるぜん雪恋まつりフォトコンテスト審査 ・地域の清掃活動
5月	・おかやま「道の駅」集まるシェ	・蒜山観光協会総会
6月	・真庭青年会議所岡山ブロック大会	・インバウンドセミナー
7月	・J リーグ東京 V×岡山 ・湯原温泉トライアスロン大会 ・蒜山さかなつかみどり大会	・ランチパックひるぜん焼そば風全国発売 ・横市における講演会 ・高速バスバス停開始記念式典 ・地域の清掃活動
8月	・マツダスタジアム観光 PR ・J リーグ千葉×岡山 ・麻布十番まつり	・ひるぜん花火大会への寄付 ・大阪市での観光商談会（2件） ・おかやまご当地グルメまちづくりネットワーク ・広島熊野町商工会視察
9月	・岡山県人会の集い ・映画ロケの炊き出し ・海の市・山の市 2016 真庭	・いぶりがっこ勉強会 ・愛 B リーグフォーラム ・好いとん会総会
10月	・B-1 グランプリ食堂 ・ひるぜん高原マラソン ・ロマンチックツーリング 2016	・地域の清掃活動 ・真庭市観光戦略策定ワークショップ ・台湾 AGT ツアー対応
11月	・J リーグ町田×岡山 ・大手門学院大学学園祭 ・第 2 回おかやまマラソン ・2016 西日本 B-1 グランプリ ・ゆばら温泉はんざき LIVE	・ラジオ番組 ・真庭市観光戦略策定ワークショップ ・ひるぜん雪恋まつり実行委員会設立総会
12月	・2016B-1 グランプリスペシャル	・テレビ番組，ラジオ番組 ・おかやまご当地グルメまちづくりネットワーク ・好いとん会大掃除 ・真庭市観光戦略策定ワークショップ ・とっとりトリミングバス

のおよそ半分ほどの売上となっている。ほかにも，これまでランチパック，柿の種，ベビースター，カップ焼きそばなどの商品を大手食品メーカーとの提携により販売してきた。

　さらに好いとん会では，ひるぜん焼そばを利用して，蒜山地域を PR するた

めのイベントを積極的におこなっている。ひるぜん焼そばに関するイベントは，先方から依頼がくるものと，好いとん会から依頼をかけるものがある。好いとん会には，ひるぜん焼そばを提供する店舗のほか，イベントに出店できる地域住民が15-20名ほどおり，参加可能なイベントに同行している。こうしたイベントは岡山県内のほか，首都圏を中心とする全国各地で開催されており，好いとん会設立の2年目にはイベントカーを導入して，各種イベントに参加している（表7-1）。

4 ひるぜん焼そばにみる食と観光の地域性

　食を活かした観光の地域性を考えるとき，その食材が地域における特産品であるかは重要な観点である。B級グルメを活用して地域振興をすすめる団体の多くは，各飲食店に対して地域の特産品を食材として使用することを義務づけ，それが地域性を担保する根拠となっている。本章で事例として挙げたひるぜん焼そばでは，地域の特産品のキャベツを使用し，それが地域特有のものであると強調されている。蒜山地域はもともと農業が盛んな地域であり，キャベツの一大産地が形成されている。蒜山地域のキャベツは夏季に出荷されるいわゆる高原キャベツであり，この時期は他産地からの出荷が減ることから，市場での高い評価をうかがうことができる[7]。また，よるぜん焼そばに使用されるダイコンは，「蒜山大根」という名称で市場に出荷されるほど知名度が高く，蒜山地域を代表する特産品として知られている。しかし，よるぜん焼そばはあくまでも副次的な商品であり，よるぜん焼そばに特産品のダイコンが使用されることを強調することもない。

　また，B級グルメの地域性を表象する手段として，地域の食文化という物語性を強調することも重要である（秋山，2013）。物語性というキーワードは，フードツーリズムに限らず地域の資源を観光事業に取り込む際の手法として多くの地域で実施されており，B級グルメにおいても，「老舗店が守り続けた味」

---

7) http://www.ja-maniwa.or.jp/tokusan/kyabetsu.html （最終閲覧日：2017年11月24日）

「地域の学生が町おこしのために作った料理」などというフレーズとともに，その物語性を強調する例がみられる。ひるぜん焼そばに関する物語性を検討すると，「特定の店舗で親しまれていた焼きそば」という特異性や，「昭和30年代に，各家庭で独自のタレを作ることが流行していた」という歴史性が，消費者の購買欲を喚起させるフレーズとして機能していると考えられる。さらに，暖簾会との連携によって生まれたあさぜん焼そばは，横手焼きそばとひるぜん焼そばの融合の象徴として，ひるぜん焼そばの物語性を強調する役割を果たしているといえる。

5　おわりに：B級グルメを生かした観光の展望

　食を活用した観光は，地域の食文化を体現する手段として，あるいは地域の特産品を活用する場として，さまざまな地域において実践されている。とくにB級グルメやご当地グルメを地域活性化の手段として活用することは，今後も食と観光の中核を担う存在であり続けると考えられる。しかしB級グルメに関するブームは，一時期に比べれば落ち着いた感があり，一つの地域内で特定の商品を活用し続けることに対する限界がみられることもまた事実である。そこで，今後の展望としては，他地域との連携によって新たな可能性を模索する動きが増えるのではないかと思われる。本章で対象とした蒜山地域においても，「焼きそば」という共通項を利用した，横手焼きそばとの連携がみられ，食に限定されない協力体制が展開されていた。さらに，蒜山地域ではジンギスカンも有名であることから，それを活かした地域連携として，北海道名寄市の愛Bリーグ加盟団体である「第746なよろ煮込みジンギス艦隊」との人的交流や情報交換における協力体制を構築している。全国的にも，さまざまな地域において食をめぐる地域間のネットワークが形成されてきており，食と観光を生かした地域活性化の取り組みは新たな段階に入ったといえよう。

[謝　辞]
本研究は，文部科学省平成 29 年度私立大学研究ブランディング「寄り添い型研究による地域価値の向上」の助成を受け実施した。

【文　献】
秋山　綾 (2013).「"食"の「物語」を活かした「フード・ツーリズム」に関する一考察——北フランスにおける地域産品を活かした「フード・ツーリズム」を事例に」『玉川大学観光学部紀要』1, 55-61.
尾家建生 (2010).「フード・ツーリズムについての考察」『観光&ツーリズム』15, 23-34.
岡山県商工部観光物産課 (1982).『ガイドブック　ひるぜん』岡山県商工部観光物産課
呉羽正昭 (2013).「レクリエーション・観光——ルーラル・ツーリズムの展開」田林　明［編著］『商品化する日本の農村空間』農林統計出版，pp.29-44.
小林　哲 (2012).「B 級ご当地グルメの祭典「B-1 グランプリ」——地域ブランドの競争と協調」『マーケティングジャーナル』31, 101-117.
須田　寛 (2015).『産業観光——ものづくりの観光』交通新聞社
関　満博・古川一郎 (2008).『「B 級グルメ」の地域ブランド戦略』新評論
安田亘宏 (2013).『フードツーリズム論——食を活かした観光まちづくり』古今書院
安田亘宏 (2015).「飲食と観光」林　清［編著］『観光産業論』原書房，pp.243-261.
安田亘宏・才原清一郎 (2011).『食旅と農商工連携のまちづくり』学芸出版社

第8章
「食」に対する「欲望」の精神分析
妄想するフード・ツーリズム

遠藤英樹

　「欲望は他者の欲望である」というジャック・ラカンのテーゼは、「愛」に対する欲望だけではなく、「食」に対する欲望にもあてはまる。「これが食べたい」という欲望を私たちがもつのは、それが自らの内側から湧きおこったものだからではなく、社会的に形成されたものだからである。このことは、フード・ツーリズムを事例とすることで明白になるだろう。

　本章では B-1 グランプリをはじめとするフード・ツーリズムの事例を前提として、社会学者ピエール・ブルデューの言説を援用しながら、「食べるということ」が社会的な行為であるという点を明らかにする。さらに食べ方にとどまらず、食に対して抱く欲望、食欲そのものも社会的なものと結びついていることについて、精神分析学者ラカンの議論を援用しながら考察していく。その際、ディズニー実写版の『美女と野獣』にふれながら、「人間の欲望は他者の欲望である」というラカンのテーゼの意味を説明した後に、フード・ツーリズムを事例にしつつ、「食」をめぐる「欲望」の位相を明らかにしていく。

1 はじめに

「食べるということ」は、単に生きる必要にせまられ、栄養を摂取するためにおこなわれる自然＝自明のものではない。それは、あまねく社会的な行為なのである。本章ではこのことについて、とくにB-1グランプリをはじめとするフード・ツーリズムの事例を用いながら論じていく。

以下ではまず、社会学者ピエール・ブルデューの言説を援用しながら、「食べるということ」が社会的な行為であるという点を明らかにする。その議論によって、「いかに食べるのか」という問題が階層などの社会的なものと深く結びついていることが明確にみてとれるだろう。

次に食べ方にとどまらず、食に対していだく欲望、食欲そのものも社会的なものと結びついていることについて、精神分析学者ジャック・ラカンの議論を援用しながら考察していく。その際、ディズニー実写版の『美女と野獣』にふれながら、「人間の欲望は他者の欲望である」というラカンのテーゼの意味を説明した後に、フード・ツーリズムを事例にしつつ、「食」をめぐる「欲望」の位相を明らかにしていく。

2 「社会」を食べる：ブルデューの言説を手がかりに

新蕎麦の季節に、蕎麦をたぐる。そのとき、わさびはつゆに決して溶かしたりしない。蕎麦と一緒にわさびを箸ではさみ、わさびのつーんとくる香味を楽しみながら、つゆをほんのわずかだけつけ、「ズズッ！」と音をたてて一気にする。きりっと冷やした冷酒が、かたわらにあれば最高である。

私たちはこうした蕎麦の食べ方を、「粋」であるという。すなわち「洗練され」ていて、「趣味がよい」と捉えられているわけだ。蕎麦をこのように食べることが、「うまい」食べ方なのだとみなしているのである。

だが何をもって「粋」であるとするのか。何をもって「洗練され」ていて、何をもって「趣味がよい」とするのか。さらには何をもって「うまい」とするのか。これらのことは自明なこと（＝自然なこと）ではなく、じつは階層をはじめとする社会的なものと深く関わり合っているのではないだろうか。

上記の問題について、社会学者のピエール・ブルデューは、その著書である『ディスタンクシオン―社会的判断力批判』において、「文化資本」という用語を用いて考察を深めようとした（ブルデュー, 1990；遠藤, 2011）。それでは、彼のいう「文化資本」とは何か。私たちは、親や祖父母、さらにはそのまた親であった祖先たちから、さまざまなものを受けとっている。ブルデューはこれを「経済資本」「社会関係資本」「文化資本」の三つにわけて整理するのである。

図8-1　ピエール・ブルデュー[1]

親たちからお金を残してもらう人は、世の中に出て、それを使いながら人生を築いていく。その人にとって、お金は世の中へと出ていくための元手（資本）となっている。これをブルデューは「経済資本」という。この「経済資本」の中には、土地や家屋などの建物をはじめ、お金に換算できるものも含まれている。

しかし親や祖父母たちが残してくれるもので、世の中に出るための元手（資本）となるのは「経済資本」だけではない。親たちの人脈がひろく、各方面に顔がきく場合には、それが元手（資本）になることもあるだろう。ブルデューは、これらを「社会関係資本」として規定づけている。

さらに「経済資本」「社会関係資本」以外にも、親や祖父母たちが残してくれるもので元手（資本）となるものがある。それが「文化資本」である。ブルデューは「文化資本」を説明するうえで、これをさらに、「客体化された文化資本」「制度化された文化資本」「身体化された文化資本」の三つへと分類するのである。

---

1) http://fujiwara-shoten.co.jp/main/authors/archives/2011/10/post_1.php（最終閲覧日：2017年7月25日）

①客体化された文化資本
これは，親や祖父母から受け継いだ文化的な「モノ」をいう。具体的には，書籍，絵画，彫刻品，楽器も含めた道具類，高価なコンピュータなどの機械類がそれである。ピアノやバイオリンなど多くの楽器が家庭にたくさんあって，当たり前のようにそれらに囲まれて育った人は，そうでない人よりも，クラシック音楽の道に進みやすくなるだろう。そのとき，これらの楽器（モノ，客体）は元手（資本）となる。

②制度化された文化資本
医師，弁護士，税理士など国家試験免許や，学歴をはじめとして，「文化資本」が社会制度のもとで位置づけられている場合，これを「制度化された文化資本」という。

③身体化された文化資本
これは，親や祖父母の代から培われ，私たちの身体にしみついた教養，知識，立ち居ふるまい，言葉づかい，礼儀作法，文化的雰囲気などをいう。「上流階層」とされる人びとのあいだで形成されている社会では，ある型に沿った「上品な」立ち居ふるまい，言葉づかい，礼儀作法が，その社会で生きていくうえでなくてはならない元手（資本）とされている。ある立ち居ふるまい，言葉づかい，礼儀作法がほかのものより「趣味がよい」とする「卓越性」は，私たちが意識しないまま受け継ぎ，自分たちの身体に刻み込んだ，文化という元手（資本）なのである（岡澤，2017）。ブルデューは，この「身体化された文化資本」のことを「ハビトゥス（habitus）」と呼ぶ。

　以上の議論をふまえていうならば，何をもって「粋」な食べ方とするのか。何をもって「趣味のよい」食べ方とするのか。何をもって「うまい」食べ方とするのか——それはまさしくブルデューが言及する「身体化された文化資本」，すなわち「ハビトゥス（habitus）」の問題にほかならないといえよう。それゆえ「蕎麦を食べる」という行為も，「文化資本」を通じて「社会的なもの」と不可分に結びついている，といえるのである。このように，何かを「食べる」という行為は，同時に，そのことを通じて社会的なものに浸ること＝「社会を食べる」ことをも意味するのだ。

3 ラカンのテーゼ：人間の欲望は他者の欲望である

しかしながら，食と社会的なものとの結びつきは，何をもって「粋」で「趣味がよい」食べ方とするのかという点にとどまるものではない。そもそも何かを食べたいという「食欲」そのものが，社会的なものと深く結びついているといえよう。

「食欲」は，人間にとってただ生きる必要にせまられてもつに至る自然なもの，自明のものではない。私たちは，それ以上食べては身体をこわしてしまうというときでも，なお空腹感を感じることがあるし，逆に，このままでは生存することができないほど何一つ口にしていないときでも空腹感を感じないこともある[2]。この点において，人間はほかの動物と大きく異なっている存在なのである。

精神分析学者ジャック・ラカンは「欲求」と「欲望」を区別し，「欲求」が生存のために仕方なく有するものであるのに対して，「欲望」を社会的なものとして位置づけている。ラカンはこのことを，「人間の欲望は他者の欲望である」というテーゼで表現する（新宮，1995；向井，2016）。この場合，「他者（L'Autre）」＝大文字の他者（Autre）は具体的な誰かを指すのではなく，人がさまざまな他者と生きる「社会」を指している。

たとえば，私たちはときに「愛が欲しい」という「欲望」を抱くことがあるが，こうした「欲望」ははたして，自分自身の内側から自然に湧きおこってきたものだといえるだろうか。もしかすると，そうした「欲望」を抱くことを求められるような社会に生きているからこそ，私たちは，「愛が欲しい」という「欲望」を抱くに至っているだけなのかもしれない。

図8-2 ジャック・ラカン[3]

---

2) その意味で私たち人間すべての「欲望」は，そもそも最初から壊れているのである。
3) http://slj-lsj.main.jp/（最終閲覧日：2017年7月25日）

聖書に「あなたの隣人をあなた自身のように愛せよ」とあるように、「愛」を求めるよう要請されている社会だからこそ、私たちは具体的な他者との関わりのなかで、そういった社会的な要請を相互にやりとりし合い、それを自己の「欲望」であるかのように「愛」を求める。もしそういうことであるのならば、その「欲望」とは自分自身の内面から自然に湧きおこってきたものではなく、社会＝「大文字の他者（L'Autre）」からもたらされたものであることになる。このことを非常にわかりやすく示している映画がある。エマ・ワトソンの主演で2017年に公開されたディズニー実写版映画『美女と野獣』である。

よく知られているストーリーかもしれないが、あらすじを簡単に紹介しておこう。昔、ある森の城に一人の王子がいた。美しい王子の思いどおりにならないことはなく、次第に、他人に対して愛情をそそぐことを忘れる。ある日、醜い老婆が現れ、一晩泊めてほしいと一輪のバラをさしだす。愛を忘れた王子は老婆を追い出そうとするが、そのとき老婆は魔女へと姿を変え、王子を醜い野獣に変えてしまう。魔女がもってきたバラの最後の花びらが散ってしまう前に、王子が真実の愛を知ることがなければ、永遠に魔法はとけないと魔女は王子に告げる。

一方、城の領内にある田舎の村に、ベルという少女が父親と住んでいた。ベルは村の図書館から本を借りては読みふけるのが楽しみで、美しいが変わり者の目立つ存在であった。そんなベルを、力自慢の男ガストンは妻に迎えたいと思っている。だがベルはガストンのことが好きではなく、いつも逃げている。あるとき、ベルの父親のモーリスは行商へと旅立つが、見知らぬ古城の中に迷い込む。その場所こそ魔法をかけられた王子＝野獣の城で、モーリスは野獣に捕まり牢に入れられてしまうのだった。

ベルは父親を助けようと、城の中に入り、父親を見つける。彼女は、父を助けてくれたら自分が身代わりになると野獣に交渉する。城に住むようになったベルに、最初、野獣は粗野なふるまいばかりするが、ベルがオオカミに襲われたとき身を挺して守ったことをきっかけに、心が通いはじめる。ある日、野獣はベルに好きな時間の好きな場所に飛んでいけるという魔法の本をみせる。その本でベルは、自分が生まれた頃の家を野獣とともに見にいく。そして、母親がベルを深く愛しながらも伝染病で亡くなってしまったことを知る。

やがて、二人のあいだには愛が育まれていく。だが父親のことを心配するベルをみて、野獣はベルを愛するがゆえに村に帰す。野獣を愛しはじめているベルをみて嫉妬にかられたガストンは村人たちを煽り、野獣を殺そうと城に向かう。ベルが自分を助けようと城に戻ったのを知った野獣は、ガストンと戦い勝利をおさめる。敗北したガストンに背中を向けてベルに向かい合ったそのとき、ガストンに背後から撃たれて死んでしまい、ガストンも崩れていく城の中で足場を失い地面に墜落していく。だがベルが野獣にキスをすると、奇跡が起こる。呪いの魔法がとけ、野獣は美しい王子の姿に戻り生き返るのである──この映画の中で、野獣、ベル、ガストンの誰もが愛を「欲望」しているが、だが、自らの内側から愛を「欲望」している者は誰一人としていないのである。

野獣の場合、愛に対する「欲望」はそもそも魔女からもたらされたものである。彼は愛を求めるよう魔女に要請されたがゆえに、愛を「欲望」するに至ったのである。ベルはどうか。ベルは愛を「欲望」する野獣と出会うことで、外見にとらわれないで内面の美しさを見つめるという「真実の愛」を意識するようになり、自らも両親に深く愛されてきたことを知るようになる。いわば野獣の「欲望」を自分自身に転移させることで、彼女は愛を「欲望」するようになったのだ。

ではガストンはといえば、彼は決してベル自身を見つめて好きになったのではなく、村人の目からみてベルが美しく目立つ存在であったから好きになったのではなかったか。さらに彼は野獣に嫉妬することでベルに対する愛情を自分の身を破滅させるほどに募らせていくが、そうだとするとベルに対するガストンの愛情は村人や野獣からもたらされているといえるだろう。

このようにディズニー実写版『美女と野獣』では、すべて愛に対する「欲望」が他からもたらされており、それらが「愛をもとめよ！」という魔女の要請からはじまっている。魔女を社会の比喩であるととらえるなら、こうしたことは私たち自身の「欲望」においてもみてとれるのではないだろうか。愛に対する「欲望」を有することが要請されている社会であるからこそ、私たちは相互にコミュニケーションをしながら、自らの「欲望」を他者の「欲望」と交換しつつ、愛を求めるようになっている、といえるのかもしれない。

4 妄想するフード・ツーリズム：
フード・ツーリズムにみる「食」をめぐる「欲望」と「対象a」

　「欲望は他者の欲望である」というラカンのテーゼは，「愛」に対する欲望だけではなく，「食」に対する欲望にもあてはまる。私たちが「これが食べたい」という欲望をもつのは，それが自らの内側から湧きおこったものだからではなく，社会的に形成されたものだからである。このことは，フード・ツーリズムを事例とすることで明白になるだろう。フード・ツーリズムとは「食を観光アトラクションとして展開されるビジネス」をいう（尾家, 2010）。

　食と観光の関わりを研究するマイケル・ホールとリズ・シャープルは，これによく似た用語として，他にもガストロノミー・ツーリズム（gastronomy tourism），グルメ・ツーリズム（Gourmet Tourism），カリナリー・ツーリズム（culinary tourism），クイジーン・ツーリズム（Cuisine Tourism）などがあると指摘する（Hall et al., 2003）。ガストロノミー・ツーリズムとは「地域を特徴づける高級料理を味わうためにおこなわれる観光」であり，グルメ・ツーリズムとは高級料理を味わうことにとどまらず，「蘊蓄ある説明を聞きながら食通の体験をする観光」であると定義できる。カリナリー・ツーリズムは「独自の食文化を持つ地域を訪れ，食を通して地域文化を味わう観光」であり，クイジーン・ツーリズムは「自分たちも実際に地域に特徴的な料理をつくったりもする観光」であるとされる。そして，これらをすべて包含する広範囲に用いられる用語として，フード・ツーリズムが位置づけられている（Hall et al., 2003）。

　こうしたフード・ツーリズムを代表するイベントに，B-1グランプリがある。これは高級食材を使わない庶民的な料理で，地域の味を堪能しながら地域をもりたてようとするイベントである。2006年に青森県八戸市で第1回目のイベントが開催されたときは10団体が出展し，来場者数は1万7千人であったが，2015年に青森県十和田市で第10回目が開催されたときには62団体が出展し33万4千人の来場者を数えるほどになった。

　このイベントにおいてグランプリに輝いた地域の料理は，富士宮やきそば（静岡県富士宮市），厚木シロコロ・ホルモン（神奈川県厚木市），横手やきそば

図 8-3　B-1 グランプリ [4]

(秋田県横手市)，甲府鳥もつ煮 (山梨県甲府市)，ひるぜん焼そば (岡山県真庭市)，八戸せんべい汁 (青森県八戸市)，なみえ焼きそば (福島県双葉郡浪江町)，十和田バラ焼き (青森県十和田市)，勝浦タンタンメン (千葉県勝浦市)，あかし玉子焼 (兵庫県明石市) などである。観光客たちは，こうした料理に舌鼓をうち「おいしい！」と口々に言い合い，その地域に特有とされる庶民料理を楽しむ。

　だが観光客たちのこうした料理に対する食欲＝「欲望」は，B-1 グランプリをとりまいている地域，旅行代理店・航空産業などの交通業者・ホテルなどの宿泊業者をはじめとする観光産業，イベント主催団体，出店店舗，メディア産業の思惑のもとで，ほかの観光客たちと相互に「欲望」を交換しながらかきたてられているのではないだろうか。もしも自宅にたった一人でいるときに，グランプリに輝いた地域の料理を目の前にしても，私たちはそれほど食欲＝「欲望」をかきたてられることはないだろう。

　観光的なイベントの中で，各種メディアを用いた宣伝効果とともに観光客に料理が呈示され，それに対する反応を観光客同士が (ときには言葉を用いて，ときには無言で) 相互に交わし合うからこそ，観光客は料理に対して食欲＝「欲望」をいだくのである。みんなが並んでいるところに並ぼうとするのも，その表れの一つである。このように食に対する「欲望」とは，「他者の欲望」にほかならないといえよう。ともあれ，その際に非常に興味深いのは，「欲望」が満た

---

4) https://www.jalan.net/news/article/8915/ (最終閲覧日：2017 年 7 月 25 日)

されたと思った瞬間，その対象は消えてしまうということである。これは一体どういうことか，以下で説明しよう。

　観光客がB-1グランプリの料理で堪能したいのは，「地域本来の＝オーセンティックな（authentic）」味である（Long, 2010）。だが，地域や出展店舗も，「B-1グランプリというフレーミング（framing：枠づけ）のもとで映える料理をだしたい」という「欲望」を相互に交換し合っている（Goffman, 1986）。そうであるがゆえに，そこで呈示される料理は，焼きそばやうどんといった似かよったものとなる。観光客が最もB-1グランプリらしい「地域本来の＝オーセンティックな」味を堪能できたと思った瞬間，それは，「地域本来の＝オーセンティックな」味からかけ離れ，焼きそばやうどんといった類似の料理となっているのだ。

　ラカンは，そもそも「欲望」にはこうした性質があるとし，充たされることで消えてしまうような「欲望」の対象を「対象a」と呼んでいる（番場, 1995）[5]。こうしてフード・ツーリズムにおいては，「地域本来の料理を味わいたい」という，観光客たちの「食」に対する「欲望」は充たされることで消失し，消失することで充たされていくことになる。このように考えるならば，フード・ツーリズムが指し示す地域の本当のすがた，すなわち「本来性＝真正性」とは，「対象a」としてしか現れない「妄想」なのかもしれない。

---

5) したがって「食」に対する「欲望」だけがそうではなく，先の『美女と野獣』の例のような「愛」に対する「欲望」も同様である。ベルは野獣と出会うことで，ラストシーンで外見にとらわれないで内面の美しさを見つめるという「真実の愛」を手にいれる。だが，その瞬間，野獣は美しい外見の王子へと変身してしまう。そのためベルは美しい王子をじっと見つめ，冗談めかしつつ「ねえ。もう一度ひげをはやしてみたら？」と野獣的な外見に戻ることを提案するのである。だが，その言葉こそ逆説的に（野獣的な）外見にとらわれていることを意味しており，その瞬間，「愛」に対する「欲望」の対象（外見にとらわれないで内面の美しさを見つめること）は消失してしまっているのだ。

【文　献】

遠藤英樹（2011）．『現代文化論―社会理論で読み解くポップカルチャー』ミネルヴァ書房

遠藤英樹（2017）．『ツーリズム・モビリティーズ―観光と移動の社会理論』ミネルヴァ書房

尾家建生（2010）．「フード・ツーリズムについての考察」『観光＆ツーリズム』15, 23-34.

岡澤康浩（2017）．「テイストはなぜ社会学の問題になるのか―ポピュラーカルチャー研究におけるテイスト概念についてのエッセイ」北田暁大・解体研［編］『社会にとって趣味とは何か―文化社会学の方法規準』河出書房新社，pp.21-44.

新宮一成（1995）．『ラカンの精神分析』講談社

番場　寛（1995）．「他者の欲望―ジャック・ラカンの欲望の理論」『大谷學報』75(1), 1-18.

ブルデュー, P.／石井洋二郎［訳］（1990）．『ディスタンクシオン―社会的判断力批判』藤原書店

松本卓也（2015）．『人はみな妄想する―ジャック・ラカンと鑑別診断の思想』青土社

向井雅明（2016）．『ラカン入門』筑摩書房

Goffman, E.（1986）. *Frame Analysis: An essay on the organization of experience.* Boston: Northeastern University Press.

Hall, C. M. et al.（eds.）（2003）. *Food tourism around the world: Development, management and markets.* London: Routledge.

Long, L. M.（ed.）（2010）. *Culinary tourism.* Lexington: University Press of Kentucky.

第Ⅱ部
「情報」と「流通」から
みるフードビジネス

第9章
ラーメン文化をめぐるコミュニケーションの行方
情報過剰から派生するその奇妙な共同性

松本健太郎

　今日ではさまざまなメディアが私たちに対して、ラーメンに関する情報を「饒舌に」語りかけてくる。その無数の媒体がもたらすのは、ラーメン情報の飽和状態と要約しても過言ではない。しかもその情報過多ともいえる現況のなかで、企業や自治体は「ラーメンと人」との新たな結びつきや、「ラーメンと地域」との新たな結びつきを模索しつつあるのだ。

　たとえば有名なラーメンチェーンである一蘭では、客同士の、あるいは客と店員とのコミュニケーションが排除され、ラーメンの味のみに集中せざるをえない空間が与えられている。これに対してラーメン二郎では、店内でこそ「呪文」による注文のみが発話として許容され、それ以外の私語は制限されるなど、自由なコミュニケーションが抑圧されているようにみえるが、その一方で店外では、熱狂的なファンたちによるネットを介した饒舌なコミュニケーションが独特の文化を形成しており、また、そのコミュニケーションそのものも「ネタ」として消費の対象になっている。本章では各種メディアが散布するラーメン情報を念頭においたうえで、それをめぐる「コミュニケーション」を分析の俎上に載せ、ラーメン文化の「今」を考察していきたい。

1 はじめに：多様化するラーメン文化

　昨今，日本のラーメン文化は百花繚乱の様相を呈しているといえよう。醬油，味噌，塩，とんこつ，油そば，ちゃんぽんなどのほか，系統別に家系，大勝軒系，二郎系など，そのジャンル構造も複雑化しつつある。またそれ以外にも，喜多方ラーメン，尾道ラーメン，京都ラーメンのように，全国さまざまな地域でご当地ラーメンがブランド化されている[1]。さらには刀削麺[2]や蘭州ラーメン[3]のように，ルーツである中国由来の麺文化が，日本人にとっては「異文化」のイメージとともに受容されることもあるだろう。現代日本におけるラーメンの文化的位置について，安田亘宏らは『食旅入門―フードツーリズムの実態と展望』のなかで以下のように整理している。

> ラーメンは今や日本の「国民食」の代表選手といっていい。国民食と言うより，むしろ代表的な日本料理の地位を得ている。旨い，安い，早いと3拍子そろった，「庶民の味」，「B級グルメ」でもある。ラーメン屋は現在では海外の主要都市には必ず数軒あり，在住の日本人だけではなく地元の人々にも愛されている。本場であるはずの中国や香港，台湾にも出店している。(安田・中村・吉口，2007：100)

　奥村彪生の『麺の歴史―ラーメンはどこから来たか』では，明治維新にともなう開国によって中国人の商人が横浜，神戸，函館の地で南京街を形成し，「中国人が持ち込んだ本場の麺の食べ方，殊に鶏や豚の肉系スープが日本人にも受け容れられて広まると同時に，だんだん日本的な要素も取り入れつつ進化」した過程が説明されている（奥村，2017：197）。また，速水健朗によれば，「開国

---

1) 新横浜ラーメン博物館のホームページでは，北は札幌ラーメンから南は鹿児島ラーメンまで，知名度のある19のご当地ラーメンが紹介されている〈http://www.raumen.co.jp/rapedia/study_japan/（最終閲覧日：2017年11月30日）〉。
2) 中国山西省発祥の麺。小麦粉をこねたあと，包丁で削りながら湯に落として茹でたもの。
3) 中国甘粛省発祥の麺。牛肉スープでつくられた，イスラム教徒向けの「清真料理」の一種。

後の日本において，つまりグローバリゼーションのとば口である明治時代に中国から伝わったラーメンは，日本で独自の進化を遂げ，すっかり日本の料理となり，いつのまにか国民食とまで呼ばれるようになった」ともいわれる（速水, 2011：5）。

　以上のような歴史的経緯があるなかで，私たちは現在，ラーメン（／ラーメン店）に関する情報を，それこそ多種多様なメディア——テレビの旅番組や雑誌のラーメン特集，あるいは観光ガイドブックのご当地ラーメン紹介や「食べログ」などのグルメサイトなど——を経由して容易に入手できるようになっている。それどころか昨今では，ラーメン店の情報は世界的に有名なミシュランガイドにも掲載されるようになっており，たとえば『ミシュランガイド東京2017』には，2店が一つ星に，27店が安くておすすめの店(ビブグルマン)に選ばれるなど，その文化的価値が従来よりも高く認知される傾向にある（ラーメンがフードツーリズム研究の文脈などでは，いわゆる「B級グルメ」の典型として語られる傾向にあるのとは対照的である）。

　文化的価値に関連していえば，それを前提にラーメンをテーマとする施設やイベントも全国各地で人気を博している。フードテーマパークの先駆けとなった施設として，すでに1994年には神奈川県横浜市に「新横浜ラーメン博物館」がオープンしている。その，いかにも「昭和」的なノスタルジックな風景を再現した博物館の内部には，ラーメンの歴史が学べる展示ギャラリーや，各地の名店が立ち並ぶ体感ゾーンなどが配置されている。またその設立以後，全国各地ではラーメンテーマパークが続々と登場しており，2001年に福岡県福岡市で「ラーメンスタジアム」が，2003年に京都府京都市に「京都拉麺小路」が，2004年に北海道札幌市で「札幌ら〜めん共和国」がオープンしている。

　ちなみに，このようなフードテーマパークと地域イメージとの関係に目を向けてみると，新横浜ラーメン博物館では「飛行機に乗らずに食べに行ける」[4]というコンセプトが掲げられており，国内外で有名なラーメン店（2017年末のラインナップでいうと，北海道から沖縄までの国内7店舗，およびフランクフルトとニューヨークの海外2店舗）の支店が並べられている。各地の名店を集め

4）https://icotto.jp/presses/1942（最終閲覧日：2017年12月29日）

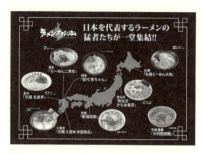

図9-1　博多に所在するラーメンスタジアム内のラーメン店[5]

図9-2　札幌に所在する札幌ら〜めん共和国内のラーメン店[6]

るという方針は博多のラーメンスタジアム（図9-1）や京都拉麺小路でも踏襲されているが，これに対して札幌ら〜めん共和国（図9-2）では，一大観光地である北海道の玄関口，すなわち札幌駅前に位置するということもあってか，札幌ラーメンや旭川ラーメンを含む道内各所のご当地ラーメン店が誘致されている。つまりそこは道外からきた観光客に向けて，北海道のラーメンを集約的に提示する場になっているのである。

　これらのフードテーマパーク以外にも，古くからあるものとして，札幌市でいえば「元祖さっぽろラーメン横丁」，京都市でいえば「一乗寺ラーメン街道」[7]などのエリアも有名ではあるが，その一方で，短期のラーメンイベントも各地で

---

5) https://canalcity.co.jp/ra_sta/（最終閲覧日：2017年12月29日）
6) http://www.sapporo-esta.jp/ramen（最終閲覧日：2017年12月29日）
7) https://ja.myd.ninja/kyoto/ramen-road/（最終閲覧日：2017年12月29日）

企画開催されている。ラーメンデータベース[8]によると2017年10月および11月だけで，大阪での「ラーメンEXPO2017 in 万博公園」や名古屋での「ラーメン女子博in 名古屋2017」をはじめ，全国で19ものイベントが開催されていたことがわかる。以上の事例群が示唆するように，ラーメンは，それを名物とする地域においては，いまや重要な観光資源としての地位を築きつつあるのだ。

いずれにせよ，今日ではさまざまなメディアが私たちに対して，ラーメンに関する情報を「饒舌に」語りかけてくる。その無数の媒体がもたらすのは，ラーメン情報の飽和状態と要約しても過言ではない。しかもその情報過多ともいえる現況のなかで，企業や自治体は「ラーメンと人」との新たな結びつきや，「ラーメンと地域」との新たな結びつきを模索しつつあるのだ。本章では各種メディアが散布するラーメン情報を念頭においたうえで，それをめぐる「コミュニケーション」を分析の俎上に載せ，ラーメン文化の「今」を考察していきたい。

2 饒舌化するメディア：ラーメン情報のデータベース化

私たちが何かを「食べる」とき，それは単に栄養摂取のみを目的とした行為とはいえない。私たちが何かを食べるとき，同時に，食べ物に関連した文化的情報を消費している。換言すれば「栄養」のみならず「記号」を摂取しているわけだ。

河田学らが『知のリテラシー 文化』のなかで指摘するように，「食文化には，美味い／不味いという，いうなれば「生理学」的なレベルがまず一つあるのに対して」，「美味い／不味いとは直接結びつかないレベル」，すなわち「自然のレベルを超えた，文化のレベル」がある（河田・林, 2007：170-171）。さらに彼らは食をめぐる「文化のレベル」に関して，次のように論及してもいる。

> 食べ物は食べ物それ自体で存在しているわけではありません。そこにはかならず「イメージ」がともない，「言説」がともなっているのです。食べ物

---

8) https://ramendb.supleks.jp/events （最終閲覧日：2017年12月29日）

> がひとたびイメージや言説の体系のなかに組みこまれると，それはたちまち雄弁な「記号」となり，新しいイメージや言説を再生産していきます。
> （河田・林，2007：191）

　付言しておくと，ここでいう「記号」とは，道路標識や地図記号のようなかたちで想像される単純なマークの類ではなく，むしろ記号学でいうところのそれ，すなわち，私たちに何かしらの意味を伝えてくれるあらゆる表現（言葉・映像など）を指している。ちなみに，この文化的なレベルで遂行される「記号消費」の例としては，実在のラーメン店から派生したカップ麺をあげると理解しやすいかもしれない。

　図9-3は，京都一乗寺に所在する有名店，天天有のラーメンを模したものである。パッケージのデザインをみてみると，そこには店主の顔，店構え，どんぶりの中身が映像記号として提示され，さらに，そこに商品の名称や特徴などが言語記号として添えられている。つまり消費者はそれらの文字や映像を「記号」として解釈し，オリジナルである本店の味を想像しながら，そのコピーであるカップ麺を食べることになる。

図9-3　「サッポロ一番　名店の味〈天天有　鶏白湯ラーメン〉」[9]

---

[9] サンヨー食品（株）が2012年4月に発売した商品。「「サッポロ一番　名店の味」シリーズの新アイテム。京都で約40年間愛され続けている老舗"天天有"とコラボレーションしたビッグサイズのタテ型カップ麺。店主，漆畑嘉彦氏監修のもと，丁寧に炊き出した鶏がらのうまみに，ポークエキスや香味野菜の風味をバランスよく配合した」との説明がある〈http://foodsnews.com/articles/view/33269（最終閲覧日：2017年12月29日）〉。

むろん「天天有」という店を知らなくても心配ない。いまや私たちはインターネットで検索することにより，それがどのようなラーメン屋で，どのような種類のラーメンを提供するのかを簡単に調べることができる。ともあれ１杯のカップ麺を目の前にしても，そこにはさまざまな情報──河田のいう「イメージ」や「言説」──が紐づけられており，したがって「食べる」という行為には，その対象となるラーメンの意味を解釈するという行為が不可分に結びつくことになるのだ。

なお，人びとが「ラーメン」とともに，そこに随伴する「記号」を消費するためには，それを情報として運ぶ「メディア」の介在を無視することはできない。しかもそのメディアが形成する環境は，時代とともに変化するものである。たとえばインターネットが普及する以前，ラーメンをとりまく環境は今ほど複雑ではなかったといえるかもしれない。たとえば，安田（2010：206）は1970年代の事例として，「蔵の街」として知られるようになった福島県喜多方市で，喜多方ラーメンが有名になった経緯を報告している。彼によると，近代的なまちづくりのために壊される蔵の景観を後世につたえるために，喜多方市内在住の写真家が1974年に東京で写真展をひらき，また，NHKが「新日本紀行」で当地を「蔵住まいの町」として紹介したことで，次第に観光客が増加していったという。そして蔵の景観を撮影するために訪れる観光客が喜多方ラーメンのおいしさを「発見」し，それが口伝えに広まって知名度が向上したのだという。つまり喜多方ラーメンが有名になる過程には，すでに当時としても，写真（展），テレビ番組，口コミなどといった複数のコミュニケーションメディアが関与していたわけである。

速水によると，「雑誌でラーメン特集が頻繁に組まれるようになるのは，1970年代後半のこと」とされるが，1980年代中頃に到来した喜多方ラーメンを含めて，ご当地ラーメンのブームとは「ラーメンがメディアによって取り上げられる時代の産物」だといえる（速水，2011：172）。しかしその当時の状況は，インターネットの普及以後と比較するならば，まだシンプルなものだったといえる。現在，私たちの情報源にはブログやSNSがあり，グルメサイトもある。誰もがラーメンを食べる前にまず写真を撮り，それをSNSにアップすることで，情報が瞬く間に拡散される時代でもある──「1990年代半ば以降のラーメンブ

ームには，インターネットの台頭が分かちがたく結びついている」のだ（速水，2011：234）。

　CGM（Consumer Generated Media：消費者生成メディア）といった表現もあるが，今日ではあらゆる消費者が容易に情報の発信主体になりうる。そしてそのような新たな環境のなかで，もはや「口コミ」といっても，それはかつてのような口伝で広まる噂ではなく，デジタル環境のなかでシミュレートされたもの，すなわちグルメサイトのデータベースに登録され，ネットを介して閲覧するユーザーの批評を意味するのが一般的である。こうした口コミの集積からなるグルメサイトとしては「食べログ」が有名だが，ラーメンに特化したものとしては，たとえば，全国5万軒以上のラーメン店の情報が登録された「ラーメンデータベース」[10]のようなサービスもある。私たちはそのデータベースを検索し，無数のユーザーから寄せられた店舗ごとの口コミや写真などを閲覧することができるのである。

3　差異化の手段としてのコミュニケーション

　1杯のラーメンを食するにしても，私たちはそれに関連してさまざまな情報が入手可能な環境におかれている。逆にいえば，それは各種メディアがラーメンに関連した情報を饒舌に語りかけてくる昨今において，ラーメン店が相互に差異化・差別化をはかりながら，SNSなどを介して，自らの商品／店舗の特徴を個性的なものとしてアピールするために，より効果的なアプローチを模索せざるをえない環境ともいえる。そしてそのような現況のなかで，他店との差別化戦略を企図してか，独特のコミュニケーション回路を採用するラーメン店が話題になることもある。以下では，独特のコミュニケーション環境を提供するラーメン店として，二つの事例――「一蘭」と「ラーメン二郎」――を取り上げてみたい。

---

10) https://ramendb.supleks.jp/（最終閲覧日：2017年12月29日）

第 9 章　ラーメン文化をめぐるコミュニケーションの行方　　*117*

1）一蘭：コミュニケーションの排除

　一蘭とは，福岡県福岡市に本社をおく，天然とんこつラーメンのチェーン店である。公式サイトでも紹介されているその特徴[11]として「味集中カウンター」「オーダー用紙」「替玉注文システム」なるものがあるが，これらは一様に，客のコミュニケーションをコントロールするシステムといえるのである。

　まず一蘭が特許も取得している「味集中カウンター」（図 9-4）であるが，これは他人の視線を気にすることなく，ラーメンの味に集中するためのシステムとされる。着席すると，そのカウンター席は隣や正面と仕切られた個人用のブース[12]になっており，あらかじめ「オーダー用紙」（図 9-5）に好みの味付けを記入することで，店員と会話する必要なしに注文を実行することができる。また，独自の「替玉注文システム」が導入されているが，公式サイトによると「替玉を注文する際は，替玉プレートをテーブル奥のボタンの上に乗せるだけです。チャルメラが鳴り，従業員が替玉プレートを取りに参ります。声をださずに注文ができるので，女性のお客様には特に喜ばれております」と説明されている。つまり替玉をオーダーする過程でも，客と店員とのやりとりは最小限に抑えられているのだ。

　　　図 9-4　味集中カウンター　　　　　　図 9-5　オーダー用紙

11）https://ichiran.com/ganso/#counter（最終閲覧日：2017 年 12 月 29 日）
12）ちなみに隣とは衝立で仕切られ，正面にはすだれが設置されている。また，ラーメンが提供されたのちに，すだれが下がる仕組みが導入されている。

これら一蘭に固有のシステムは、その名称が示唆するように、ラーメンの味に集中するために設計されたものとされる[13]。ジェームズ・J・ギブソンのアフォーダンス理論の視点からいえば、味集中カウンターは客にその行為の可能性を「提供する（アフォード）」ものともいえようが、見方を変えれば、一蘭の特殊な空間設計のなかで、客たちの存在は（彼らを魅了する「味」を根拠に）そのシステムに従属する要素として組み込まれているようにもみえる。

2）ラーメン二郎：コミュニケーション消費

「ニンニクチョモランマヤサイマシマシアブラカラメオオメ」――はじめて聞いた人にとっては、それが何を意味するのかさっぱり理解できないだろう。これはラーメン二郎で、増量したい無料トッピングを伝えるためのコールである（「呪文」とも呼ばれる）。

ラーメン二郎は、東京都港区三田に本店を構え、関東を中心に多数の店舗を展開する人気ラーメン店である。豪快な盛りで人気を博す行列店であり、「ジロリアン」と呼ばれる熱狂的なリピーターを獲得している。この、男性が中心となる常連客について、速水は次のように解説を加えている。

> 誰が言い始めたのか、ジロリアンたちが口をそろえて言う言葉に「二郎はラーメンにあらず。二郎という食べものなり」というものがある。彼らは「ラーメン二郎」のラーメンを食べることを修行のように自分に課し、まるで聖地を巡礼するかのように「ラーメン二郎」に通い続けるのだ。傍から取材した筆者の目線から感じたことを率直に書くなら、「ラーメン二郎」はラーメン屋というよりは、信仰の対象のような存在である。ラーメン好きの間でも、二郎を受け入れるかどうかはきっぱりと二分されるようだ（速水、2011：231）。

---

13) 公式サイトの解説には、「そもそもラーメンは、黙々と10分程度で味わうものです。味集中システムは、周りを気にせず本能のまま、リラックスした状態で味わう事だけに集中していただける環境です」との記述がある〈https://ichiran.com/ganso/m/booth.html（最終閲覧日：2018年2月17日）〉。

ここでラーメン二郎は信仰の対象になぞらえられているが,「宗教的」とも形容される同店をめぐっては,「戒律」に似たルールの存在が至るところで囁かれる。たとえばインターネットで「ラーメン二郎　ギルティ」と検索すると多数のサイトがヒットするが,たとえば「食べながら携帯を触る,会話に夢中になる」「通ぶってやたらとウンチク,店主に気安く話しかける」「食べた後カウンターに丼を戻さない」など,ラーメン二郎の店内においてNGとされる行為がネットではまとめられている[14]。

 「カルト的」とも評されるファンを抱えるラーメン二郎だが,上記のような情報が出回っていることもあってか,はじめて訪問する者にとっては心理的に敷居が高い。そのため,初心者向けの各種サービスが発達したりする。ネット上のまとめサイト――「【参考に】ラーメン二郎 初心者完全マニュアル」[15] や「【ラーメン二郎初心者向け】注文コール方法・食べ方などルールを教えます」[16] ――では,注文の仕方や退席のマナーなどが説明されていたりする。

 他方で,先述の「呪文」,すなわち無料トッピングを追加するための「コール」についても,初心者にとっては難易度が高い。そこで,その独特のコールを自動生成してくれるシステムとして,「二郎系コールメーカー」なるアプリが構築されている。たとえば図9-6のようにすべての無料トッピングを「多め／

図9-6　二郎系コールメーカー

14) https://matome.naver.jp/odai/2142277998007194001 （最終閲覧日：2017年12月29日）
15) https://matome.naver.jp/odai/2137900850806884601 （最終閲覧日：2017年12月29日）
16) https://matome.naver.jp/odai/2143028247881176601 （最終閲覧日：2017年12月29日）

濃いめ」に設定すると,「ニンニクとヤサイとアブラマシ(全マシ)カラメ」との呪文が自動的に導出され,あとはコール時にこれを唱えるだけである。

　この種のアプリは,二郎初心者にとっては,ジロリアンという秘教的なトライブカルチャーで遵守されるコードを覗き見るツールであると同時に,それをとりまく特異なコミュニケーションを「ネタ」として消費する仕掛けともいえる。

　以上のような固有の文化をもつラーメン二郎とメディアとの関係について,速水は次のように指摘する——「インターネットとラーメンの相性のいい関係の中でも,とくに「ラーメン二郎」とネットユーザーの相性のよさは抜群だったのだろう。2000年代,「ラーメン二郎」のチェーン店舗を巡り,写真を撮りその感想を載せるホームページやブログが生まれていく。[…]まるでスタンプラリーに参加するかのように,二郎巡りが行われている」(速水, 2011：235)。ちなみに二郎に特化したものとして,スマートフォンで駆動するいくつかのアプリがあるが,たとえば「ラーメン二郎アプリ店」(図9-7)なるアプリでは,各店舗の営業時間とともに,過去に訪問した店舗を(スタンプラリーのように)写真として記録できる機能がそなえられている。

　「呪文」「ギルティ」「まとめサイト」「SNSへの投稿」——興味深いのは,以上のようなコミュニケーション文化が店側の主導ではなく,むしろ客側の関与によって成立している点である。これ関して,速水は以下のように主張している。

図 9-7　ラーメン二郎アプリ店

> ジロリアンと呼ばれる信者たちは,「ラーメン二郎」という一風変わったラーメンチェーンの中に見え隠れする理念の体系のようなものを自分たちで見いだし,その中から勝手にルールをつくり出して,それに則ったゲームを行っている。「ラーメン二郎」は,風変わりなラーメンを提供しているが,コントロールしているわけではない。遊び方を生み出し,二郎を消費しているのはあくまでジロリアンたちなのだ。彼らは二郎という風変わりなラーメン屋からゲームのルールを見いだし,コミュニケーションの材料としながら,ファンとなって,それを消費しているのだ。(速水,2011:236-237)

4 結びにかえて

　これまで本章では現代日本におけるラーメン文化の諸相を概観したうえで,とくに「コミュニケーション」の問題に着眼しながら,一蘭とラーメン二郎をめぐる固有のシステムや文化を精査してきた。このうち一蘭では,客同士の,あるいは客と店員とのコミュニケーションが排除され,ラーメンの味のみに集中せざるをえない空間が与えられている。これに対してラーメン二郎では,店内でこそ「呪文」による注文のみが発話として許容され,それ以外の私語は制限されるなど,自由なコミュニケーションが抑圧されているようにみえるが,その一方で店外では,熱狂的なファンたちによるネットを介した饒舌なコミュニケーションが独特の文化を形成しており,また,そのコミュニケーションそのものも「ネタ」として消費の対象になってもいる。

　昨今では,まるでジャズが似合うバーのような雰囲気を醸し出すラーメン屋や,女性にも入りやすいカフェのような雰囲気のラーメン屋も登場している。それらは内装やBGMに工夫を凝らし,客同士の良質なコミュニケーション環境を演出することによって,ラーメン店をめぐる従来的なステレオタイプの異化を試みるものといえるかもしれない。もちろんそれも多様化するラーメン店のなかで独自性を発揮するためのアプローチであろうが,一蘭やラーメン二郎は「コミュニケーション」に関して,それとはまったく別のアプローチを採用

しているようにみえる。一蘭のブースは手狭で居心地の良さが追求されているわけではないし，二郎の店内は適度に汚く，むしろそれが「二郎らしさ」として認知されるきらいがある。しかしながら，一蘭の「味集中カウンター」と二郎の「コール」に共通するのは，「コミュニケーション」をめぐって独自の戦略を採用することで，それが店としてのブランディング，さらには知名度の向上に結びついていると思われる点である。とりわけ肝心の「ラーメン」以外の評価軸（たとえば店内環境の快適さやコミュニケーションしやすさ）を捨象することは，味に対する店側の自信の反映として「神話化」されることもあるだろう。かつて，頑固親父の経営するラーメン屋はうまい，という神話がありえたように。

【文　　献】
奥村彪生（2017）．『麺の歴史―ラーメンはどこから来たか』KADOKAWA
河田　学・林　智信（2007）．「食文化―おいしいものを食べるとき，私たちが食べるもの」葉口英子・河田　学・ウスビ・サコ［編］『知のリテラシー　文化』ナカニシヤ出版，pp.169-192．
速水健朗（2011）．『ラーメンと愛国』講談社
安田亘宏（2010）．『食旅と観光まちづくり』学芸出版社
安田亘宏・中村忠司・吉口克利（2007）．『食旅入門―フードツーリズムの実態と展望』教育評論社

第10章
記号としての食文化
インスタント食品を例に

河田 学

　私たちは普段，特別な意識をもつことなく「食文化」ということばを使っているが，〈食〉，すなわち食べることは，社会的に確立された様式・慣習や，そのなかで培われた歴史・伝統をもっているからという理由のみで，「文化」と呼ばれるに値するわけではない。食は，自然から得られる食材に依拠しており，生物としてのヒトによって消費される以上，うまい／まずい，栄養がある／ないといった自然の次元をもっている。その反面，古来私たちは，食についての言説を生み出し続けてきた。「目には青葉山郭公はつ鰹」とは江戸期の俳人，山口素堂の句だが，このような食の言説化が，食を文化へと推しあげている一つの要因である。一方でこの言説は，初夏に旬を迎えるというカツオの自然的側面にも言及している。食とは，自然と文化の間をこのように揺れ動くものではないのだろうか。本章ではこのような食のありようを，逆に自然との断絶によって特徴づけられる即席めんを題材に考えてみたい。

1 はじめに：〈食〉における〈文化／記号〉の次元

　ジャン・ボードリヤールが1970年の著作『消費社会の神話と構造』（ボードリヤール，2015）において論じたように，私たちの消費社会は，材やサービスがその有用性，機能性のみから消費される段階を通りすぎ，今やマーケティングによってのみ差異化された対象の記号価値をその消費の対象としている。檀れいが「金麦」（サントリー，2007年発売）のCMに出演しているのは，彼女が誰よりも金麦のおいしさやそれ以外の利点を知っているからではなく，彼女が商品に記号的価値を付与するからである。

　この観察は，本書のテーマでもある「食」にもよくあてはまる。むしろ食は，現代消費社会を先取りするかのように，その記号的次元を発展させてきたといえるかもしれない。食における有用性，機能性とは，空腹が満たされ健康な身体を維持することができる，あるいは食べるとおいしいといったような食の栄養学的・生理学的側面である。しかし食は，いつの時代においてもそれ自身に関する言説を過剰なまでに生み出してきた。このことは，日本では『美味礼賛』の邦題で知られる19世紀の美食論『味覚の生理学』（ブリア＝サヴァラン，1967）が，一見すると美食の「生理学」を論じた著作のようでありながら，その大部分が美食に関する蘊蓄に費やされており，美食について語ることが自己目的化していることからもうかがえる。『味覚の生理学』を論じたロラン・バルトは，フランス語の「ラング（langue）」という語の多義性（舌／言語）に触れながら，この美食家が言語に対して示す興味を賞賛する。バルトはブリア＝サヴァランが美食を語るために繰りだす新語，造語に着目し，彼の「舌＝言語は文字どおりグルマンド（舌のあやつることば，言語のかかわっている料理に対する食い道楽）」であるとする（バルト，1985：20-22）。すなわち，第一の意味での食の記号的次元とは，食が生み出してきた言説空間にほかならない。

　日本では江戸期の俳人，山口素堂（1642-1716）の「目には青葉山郭公はつ鰹」という句がよく知られている。これももちろん食の言説化の一例ではあるが，この句は食の記号性を考えるうえで非常に示唆的である。ここに詠まれている「はつ（初鰹）」とは，4月から6月にかけて日本の太平洋側沿岸で獲れるいわゆる「はしり」の鰹のことであり，「初鰹」は夏の季語である。この時期

の鰹が旬の食材として珍重されるのは，種としてのカツオが回遊魚でありちょうどこの時期に日本近海を北上するという生物学的事実による。その意味で，この句は食の生理学ないしは生物学的側面に言及した句でもあるが，その一方で，初鰹が夏の季語であるという事実には，初鰹が夏という季節の記号となっているという事実を読みとることもできる。興味深いのは，記号としての初鰹がその生理学／生態学と紐づけられているという点である。いうまでもなく，私たちが食物として口にするものの大部分は，自然から得られる材料に依拠している。しかし私たちは決して自然をそのまま食しているわけではなく，私たちが口にする「料理」はすべて自然を人工的に加工することによって得られるものである。いってみれば，食物の記号作用とは，その素材が自然から切り離されることによって失われるつながりを補うかのように，その食物に付与される記号性だということができるだろう。

このようにして考えると，ブリア＝サヴァランの『味覚の生理学』が，味覚（タイトルの「味覚（goût）」は，味覚だけでなく，味，食欲，嗜好，（美的）感覚といった意味をもった語である）の「生理学」を標榜しているのも偶然ではない。食が自然に由来するものである以上，それは生理学（あるいはより広義の自然科学）的に説明が可能なはずであり，ブリア＝サヴァランが生み出した食に関する過剰な言説が指向しているのは，食のこの生理学的次元なのである。

ここまでの考察をまとめると，おおむね次のようなことがいえるのではないかと思う。食は自然に依拠することで成立している。うまい／まずい，栄養がある／ない，鰹は初夏が旬である，ここは海が近いから魚がうまい，といったことがらは，すべて食のこの自然の次元に関わるものである。その一方で食は古来よりそれ自身に関する言説を多く産出してきた。また初鰹が初夏の記号であるように，キャヴィアは贅沢の記号であり，さらに広告やマーケティングが食品に外部から記号性を付与し差異化をおこなう。本章ではこのような領域を，食の文化／記号の次元と呼んでおくことにしよう。食は自然に依拠するが，一方で，料理とはそれは自然から切り離す操作でもある。食の文化／記号の次元はときとして，自然とのつながりを維持しようとするかのように，食がそこから切り離されたところの自然の次元を指示対象とする。つまり，自然が食を生

み出し,食が文化を生み出し,そして文化が食を自然へと還そうとする。食とはこのようなある種の円環運動にほかならない。

　本章では即席めんを例に,ここに述べたような食における文化／記号の次元について考えていきたい。即席めんをテーマとして取り上げるのは,工業的に生産される即席めんは,食の自然からの断絶のもっともわかりやすい形態であり,そこには文化／記号の次元が不可欠だからである。まずは即席めん誕生の瞬間から考察をはじめよう。

2　即席めんの誕生：未来の食品としての即席めん

　最初の即席めんとしてつねに言及されるのは,1958年の発売以来,累積50億食を超える売上を誇り,現在でも年間1.5億食以上が出荷されている,日清食品[1]「チキンラーメン」である（図10-1）。この製品は,全世界で1,000億食規模の市場へと成長した即席めんのパイオニアとしてだけではなく,さまざまな点で興味深い。

　第一に注目したいのは,「チキンラーメン」の開発者である安藤百福が,当初より「工業化されて大量生産できる商品」（安藤,2008：17）を念頭において開発をおこなっていた,という点である。安藤が池田市の自宅でチキンラーメン

図10-1　日清食品「チキンラーメン」1958年発売当時のパッケージ[2]

---

1) 発売当時の社名はサンシー殖産。発売同年の12月に日清食品に社名変更。
2) https://www.nissin.com/en_jp/about/history/（最終閲覧日：2018年2月28日）

の原型を完成させた時点では、家内制手工業の要領で1日400食程度の生産量だったというが（安藤, 2008：69）、発売の同年大阪市東淀川区に工場を構えてからは日産1,200食体制となり（安藤, 2008：72）、さらに翌年には高槻市を拠点に、じつに24,000m^{2}にも及ぶ広大な工場用地を取得する（安藤, 2008：80）。

詳細な検討は本章ではできないが、「工業的に大量生産できる食品」という概念がこの当時において革新的であったことは想像に難くない[3]。安藤の着想の原点は、戦後の闇市でみた、寒さのなか、屋台のラーメン（当時はまだ支那そばと呼ばれていたはずである）を求め、人びとが列をつくっていた光景にあるとされるが（安藤, 2008：17-18）、屋台のラーメンが生の麺を茹でてその場で調理される「料理」であるのに対して、熱湯をかけると2分でできあがる（しかも「調理」はおろか調味さえ不要の）チキンラーメンはまさに「工業製品」として誕生したのである。

前節でみたように、私たちが口にする料理はすべて自然を人工的に加工したものだが、自然から得られる材料に包丁などを使い物理的な変型を施し、さらに焼く、煮る、蒸すといった加熱調理をおこなうことによって、生の素材を料理へと変換する調理という工程は、私たちにとって料理と自然との連続性を確認するプロセスでもある。その工程を工業技術によりいっさい省略し、また大量生産により一食ごとの個体差を極限まで圧縮したチキンラーメンは、文字どおりの意味で「魔法のラーメン」であったはずである。すなわち、魔法のラーメンとしてのチキンラーメンの登場が意味するのは、自然との断絶にほかならない。

第二に、この製品が「チキンラーメン」という名称で発売されたという点にも注目しておこう。現在でこそ一般的である「ラーメン」という呼称は、チキンラーメン発売当時は決して一般的ではなく、チキンラーメンこそが「ラーメン」という呼称を普及させたという事実は、複数の論者の指摘するところである[4]。本節で注目したいのは、「支那そば」「中華そば」といった呼称が「ラーメン」に置き換えられ、この製品の名前が「チキンラーメン」とすべてカタカ

---

3) 速水健朗は、欧米では戦前に到来していた大量生産の勃興（1908年のT型フォードに象徴される）は、日本においては戦後の復興期に起こったのであり、それを象徴するのがチキンラーメンだと指摘している（速水, 2011：70）。

ナ表記されている点である[5]。すでに触れた「魔法のラーメン」というキャッチフレーズも,自然発生的に生まれたものではあったが,安藤は発売翌年に取得した先述の工場用地に,いちはやくこのフレーズを記した看板を立てている(安藤, 2008:80)。こうした背後には,製品の新奇性を強調しようという意図が見え隠れしてはいないだろうか。

これらを,同じく日清が1971年に発売した,世界初のカップ入り即席めんであるカップヌードルと比較してみると,この傾向はさらに明らかになる。今でこそ私たちはヌードル=麺ということを知っているが,ラーメン同様,ヌードルという語も当時は外来語の語彙として一般的ではなかったはずである。また,カップヌードルの,カップに入っておりフォークで食べることができるという商品コンセプトは,当初より海外戦略を射程にいれて開発された商品であったことによる(安藤, 2008:96)。発売した年の11月に,銀座の歩行者天国でおこなわれたプロモーション(1日に2万食を販売し,若者たちがこぞってカップヌードルを歩きながら食べた)や,1年間で2万台も設置されたという給湯機能付きの自販機をめぐるエピソード(安藤, 2008:106-109)も,カップヌードルの食品としての新奇性が消費者に受け容れられたことを物語る事実として捉えることができるだろう(図10-2)。

即席めんの事例ではないがここでもう一つ紹介しておきたいのは,山印信州味噌醸造(現山印醸造)が1961年に発売した,日本初のインスタントみそ汁「ミソープ」である(図10-3)。この製品は,同社が明治製菓との合弁によって設立した明治食品で開発したフリーズドライ技術を用いた,日本初の即席みそ汁である。商品名の「ミソープ」は,英語でのみそ汁の呼称「ミソスープ」に

---

4) たとえば速水によれば,「それまで「支那そば」「中華そば」と呼ばれることが多かったこの麺料理の一般名称が,「ラーメン」に切り替わり定着したのは,「チキンラーメン」のテレビCMによる影響だった。このことはすでに異論なき定説として定着している」としている(速水, 2011:96)。
5) ただし,チキンラーメン以前にカタカナ表記の「ラーメン」が使われていなかったわけではないし,また「チキン」という外来語は,安藤自身が試作をしている際に家族の間で「チキン」の語を使っていたことがチキンラーメンという名称に決まったきっかけと述べていることから,当時でも一般的な呼称であったことからうかがわれる(安藤, 2008:69)。

図 10-2 カップヌードルを食べながら歩行者天国を歩く当時の若者たち（安藤, 2008：107）

図 10-3 やまじるし「ミソープ」発売当時のパッケージ[6]

由来すると思われるが，そこからさらに「ス」が省略されまったくの新語となっている。これも，当時最新のテクノロジーであったフリーズドライ技術を用いて開発された日本初の即席みそ汁にふさわしい名称を模索しての結果だったのではないかと推測される。

こういった一連の流れに対して消費者の側も，これらのインスタント食品を「新しい食品」として受容していたように思われる。新田太郎によると『暮しの手帖』は，チキンラーメンが発売された後，他社が追随製品を発売しはじめた1960年に「即席ラーメン」（第1世紀第57号）という記事を，カップヌードルが発売された1971年に「インスタントラーメンのたべくらべ」（第2世紀第12号）という記事を掲載している。

両者の記事に共通しているのは，前者は「〔食べくらべをした即席めんに〕共通していえることは，名前はラーメンでも，これまで私たちの舌になじんできた中華料理のあのラーメンの味でもなければ，チャルメラのラーメンの味ともちがう」（『暮しの手帖』, 1960：117），後者は「即席ラーメンは名前こそラーメンとついているからまぎらわしいのだが，じつは，中華そば屋のラーメンとは似て非なる，全く別の麺類」（『暮しの手帖』, 1971：115）という言い方で，即

---

6) https://www.pinterest.jp/joery3405/駄菓子食べ物玩具昭和/（最終閲覧日：2018年2月28日）

席めんと店舗で供されるいわゆるラーメンとの断絶を指摘している点である。

本節でみてきたように、1958年のチキンラーメン発売から、1971年のカップヌードル発売までの期間、即席めん（あるいはミソスープなどをも含めたインスタント食品）に付与されてきた記号性は、一言でいえば「未来の食品」としてのイメージである。このイメージは、宇宙仕様のカップヌードル「スペースラム」の開発、同製品を用いた宇宙を舞台にしたCM（ともに2005年）にも反映されている。ここでは、自然からの、あるいは既存の（即席ではない）料理からの断絶はむしろ肯定的な要素として捉えられていたのである。しかし『暮しの手帖』の1971年の記事では、本来ラーメンとは別物であるはずの即席めんが「いまはまるでラーメンのまがいもの、本当はラーメンにかなわないのだけど、こんなに似せることができました、といってトクトクとなっている、そんな感じがする」（『暮しの手帖』、1971：115）とも指摘されている。ここに見出される即席めんの展開の新たな方向性については、次節で論じることにしたい。

3 即席めんの新しい時代：高級化路線以降

カップヌードル発売10周年にあたる1981年は、即席めん業界にとって大きなターニング・ポイントとなった年である。業界全体でいえば、明星食品から「中華三昧」シリーズが発売されヒットし、高級即席めんブームに火がついた年であった。通常の袋めんが70円だった時代に120円という価格設定であったにもかかわらず爆発的なヒットとなり、翌年には競合各社が「華味餐庁(かみさんちん)」（東洋水産）、「麺皇(めんふぁん)」（日清食品）、「楊夫人(マダムヤン)」（ハウス食品）をそれぞれ発売する。これらの製品に共通しているのは、高級路線をねらった高めの価格設定である点もさることながら、いずれの製品も「中国」のイメージを存分に活用している点である。中華三昧の最初のラインナップ（図10-4）は広東風拉麺、北京風湯麺、四川風拉麺であったし、CMの「中国四千年の味」というキャッチフレーズはあまりに有名になった。競合製品も製品名からして中国文化への明らかな言及を含んでいるほか、CMには中国・台湾の情景や俳優が登場した。導入期の即席めんが、自然から、あるいは家庭や飲食店の料理から断絶することによって独自のイメージを獲得してきたのに対し、これらの即席めんは、ラーメン

第 10 章　記号としての食文化　　*131*

図 10-4　明星「中華三昧」発売当時のラインナップ[7]

のルーツとしての中国にそのイメージを求めたのである。

　もちろん，（即席でないという意味での）現実の料理にイメージを求めたのは，これらの製品が初めてではない。「長崎タンメン」（サンヨー食品，1964 年発売），「サッポロ一番」（サンヨー食品，1966 年発売）は，それぞれ長崎，札幌にそのイメージを求めているし，「明星チャルメラ」（1966 年発売），「出前一丁」（日清食品，1968 年発売）も，それぞれ屋台，出前のラーメンのイメージを記号的に用いている。しかし，これらの製品が発売された当初は，即席めんの技術がその対象を模倣するには遠く及ばないレベルであったのに対して，1980 年代以降は技術がそれに追いついたという点が大きな違いである。1971 年に『暮しの手帖』に書かれた「こんなに似せることができ」たという「トクトク」とした様子も，ある一定の根拠を得たわけである。

　とはいえ，1980 年代までの即席めんによる現実のラーメンのこういった模倣が，本当の意味での「模倣」であったかどうかには疑いの余地がある。当初のラインナップでは広東風はしょうゆ味，北京風は塩味，四川風はみそ味だったが，これは，はたしてそれぞれの地域の食文化を反映したものだったのだろうか。サッポロ一番にしても最初に発売されたのはしょうゆ味だったが，札幌のラーメンはルーツとしては塩味，当時の流行ではみそ味だったのではないだろうか[8]。これらの即席めんは現実のラーメンを模倣しているように見せかけているのであって，その意味において，まさにボードリヤール的な意味でのシミ

---

7) https://www.myojofoods.co.jp/chukazanmai/history.html（最終閲覧日：2018 年 2 月 28 日）

ュラークルにほかならないのである。

　1980年代はじめに本格化した土地のイメージの活用は，断続的におこなわれていたご当地ラーメンの発掘と軌を一にするように，「明星ラーメン紀行」（1983年発売）へと受け継がれていく。1990年代中盤以降のご当地ラーメンブームを反映して，1990年代終わり頃からはご当地即席めんが相次いで発売された。2000年代に入ると，日清の「名店仕込み」シリーズ（セブンイレブンとのタイアップ，2000年発売），十勝新津製麺（当時）の「全国有名ラーメン店めぐり」シリーズ（2000年発売）などを皮切りに，個別のラーメン店のメニューをシミュレートした商品が登場していくのである。

4　結びにかえて

　これら1980年代初頭の高級即席めんブーム以降の一連の流れから読み取れることは，ノンフライめんの台頭，レトルト具材の普及などの技術革新によってシミュレーションの精度をあげた即席めんが，ご当地ラーメンの流行や，有名店の登場，そしてそれらをメディアが取り上げることで成立したラーメンブームなど，現実のラーメンの変化に寄り添うかたちで進化してきたという事実である。初期の即席めんが自然との断絶をむしろ記号的に活用していたのに対して，1980年代以降は，ルーツとなる土地や現実のラーメン店のイメージを援用することにより，現実に錨を下ろそうとしてきた，という言い方もできるかもしれない。

　しかし忘れてはならないのは，実店舗のラーメンを模倣した即席めんが登場している一方で，これらと並行して日清「行列のできるラーメン店シリーズ」（2001年発売）のような，現実の具体的な店舗を指向対象とはせずに，現実のラーメンを模倣した即席めんも並行して開発・販売されているという事実であ

8）速水の指摘によれば，札幌は「ラーメン」という語が早くから定着していた地域で，そのルーツは1922年開店の竹屋食堂の塩味の拉麺だったという。一方で，札幌＝みそラーメンというイメージが定着したのは味の三平が1961年に提供を始めたみそラーメンが，1965年の北海道物産展（髙島屋，東京・大阪）で紹介されたことによるという（速水，2011：147-149）。

9）https://www.nissin.com/jp/products/items/7590（最終閲覧日：2018年2月28日）

第 10 章　記号としての食文化　　133

図 10-5　日清「行列のできるラーメン店」シリーズ[9]

る（図 10-5）。ご当地ラーメンとはフェイクであった，偽史であったという速水の議論（速水, 2011：第 4 章）などをあわせて考えるならば，ここには，すでに指摘したようなシミュラークルとしての即席めんの特性だけではなく，現実の食自体がシミュラークル化しているという状況の反映をみてとることもできるのではないだろうか。

［謝　　辞］
本章は，筆者の勤務先である京都造形芸術大学文芸表現学科に所属する 2 名の学生，大西香穂，大熊拓鉄との共著になるはずだったが，諸般の事情によりそれはかなわなかった。しかしこうして原稿ができあがったのは，二人が集めてくれた資料や，それをめぐる二人とのディスカッションのおかげである。二人への深謝をここに記しておく。

【文　　献】
安藤百福（2008）．『魔法のラーメン発明物語―私の履歴書』日本経済新聞社
『暮しの手帖』（1960）．第 1 世紀 57 号，暮しの手帖社
『暮しの手帖』（1971）．第 2 世紀 12 号，暮しの手帖社
新田太郎（2006）．「戦後ニッポン「ものづくり」流行史　第 8 回　インスタントラーメン―戦後生まれの「国民食」」〈http://www.nipponstyle.jp/column/nttr/column_08.html（最終閲覧日：2018 年 2 月 28 日）〉
速水健朗（2011）．『ラーメンと愛国』講談社

バルト, R.・ブリヤ=サヴァラン, J. A.／松島　征［訳］(1985).『バルト, 〈味覚の生理学〉を読む』みすず書房
ブリア=サヴァラン, J. A.／関根秀雄・戸部松実［訳］(1967).『美味礼讃』(上・下) 岩波書店
ボードリヤール, J.／今村仁司・塚原　史［訳］(2015).『消費社会の神話と構造』紀伊國屋書店

コラム② 中国における麺文化

　世界的に人気のある中華料理のなかでも，とくに麺は多くの人びとに好まれる料理であるといえる。たとえば坂本一敏は2001年に刊行された『中国麺食い紀行――全省で食べ歩いた男の記録』のなかで，中国の各所を訪れて麺を食べ歩いた経験を述懐している。ちなみにこの書物は日本国内のみならず，中国でも人びとに注目されている。

　2013年6月，中国商務部と中国飯店協会などの共催によって第1回中国麺食文化祭が開催された。そのイベントでは500種以上の麺からベストテンが選考されたが，そのなかでも武漢熱干麺，北京炸醬麺，山西刀削麺，蘭州拉麺，四川担担麺が上位5位までを占めた。そのほか，河南烩麺，杭州片兒川などもベストテンに入ったが，それらのリストは中国の北方と南方とでバランスよく構成されているともいえる。中国の麺は見た目や味の点で多様性があるが，そのいくつかを筆者の経験から紹介してみたい。

　武漢熱干麺は武漢発祥の個性的な朝食である。冷やした麺のうえに胡麻味噌，ゴマ油，酢，ラー油などで作った汁をつけて食べるのが一般的である。朝，出勤に急ぐサラリーマンたちが早足で歩きながら，つるつると熱干麺を食べる光景は武漢では日常的な風景となっている（それは日本人にとって，なかなか想像できないものかもしれない）。2014年に人気を博した「舌で味わう中国」というテレビ番組のなかで，武漢熱干麺の作り方，食べ方，歴史文化などが詳しく紹介され，中国ではますます多くの人びとに知られるようになった。

　山西刀削麺は中国北部で人気がある。日月形の包丁で削って湯に落とし，ゆであげたもの，肉味噌，スープをかけて食べるのが一般的である。麺は柔らかいけれども，とてもコシがあり，飽きることがない。筆者は大学時代に週に4回ほど，学生食堂で提供される刀削麺を食べていた。その特別な味は今でも思い出すことができる。

　蘭州拉麺は，いまや中国各地で人気のある麺だといえる。料理人が手打ちで伸ばした麺を使用しているが，そのなかでも牛肉と牛肉湯がはいった蘭州牛肉麺が最も有名である。このラーメンでは，麺の製法と食材の質がそのおいしさを決めるとされる。ぜひ蘭州を訪れることがあれば本場の蘭

州牛肉麺を食べてほしいが，最近話題となったように，東京の神保町で蘭州ラーメンを提供する店が開店している[1]。オーナーは日本人であり，中国に留学したときに本場の蘭州にある馬子禄に弟子入りし，腕を磨き，東京での開店にこぎつけたのだという。

　本コラムで紹介した武漢熱干麺，山西刀削麺，蘭州拉麺は，中国における多種多様な麺文化のほんの一部でしかない。それらのうち山西刀削麺や蘭州ラーメンは日本でも紹介されて話題となり，日中文化交流の重要なメディアとなりつつあるのだ。

（執筆：黄碧波）

1）https://rocketnews24.com/2017/08/22/943855/（最終閲覧日：2017年10月30日）

第 11 章
グルメサイトにおける「地域」の位置を再考する
「食べログ」と「ぐるなび」の比較を起点として

山﨑裕行

　食べログにしても、ぐるなびにしても、ホットペッパーグルメにしても、私たちはさまざまな基準によってグルメサイトを選び、さらに、そこに含まれるデータベースを検索することである店を選ぶことになる。もちろんグルメサイトの写真や口コミを参考にしながら特定の飲食店を訪れたとしても、つねに期待どおりの食事にありつけるとは限らない。事前に得た情報が実際の経験と合致しない、ということも往々にしてありうるだろう。にもかかわらず昨今では、これらのサイトが多数の人びとにとって、飲食の選択肢を提供する影響力のおおきなサービスであることは間違いない。

　本章では各種のグルメサイトを取り上げながら、それらにおける「地域」の位置について確認する。さらに行政主導で進められた食のブランド化事業「伊達美味」を取り上げ、そこでグルメサイトとは異なるアプローチにより、ご当地グルメが「テーマ化」されている点を確認することになる。

　昨今、B級グルメブームやご当地グルメブームが示唆するように、伝統的に継承された、あるいは新たに提案された食文化が地域イメージを象徴する記号として流通するケースが一般化しつつある。そのような現況をふまえたとき、食をめぐる情報が各種の媒体を通じてどのように提示されているのかを検討することは意味のある試みといえるのではないだろうか。

1 はじめに

　2017年現在，私たちはインターネットを介してさまざまなグルメサイトを利用することができる。たとえば株式会社カカクコムによって2005年にサービスが開始された「食べログ」は，「お店選びに失敗したくない人のためのグルメサイト」をコンセプトに掲げて急成長を遂げ，いまや国内最多の利用者数を誇る口コミサイトとなっている。その他にも，宴会幹事に利用されることの多い「ぐるなび」や，フリーペーパーから派生した「ホットペッパーグルメ」，あるいは予約特化型サイトの「オズモールレストラン予約」や，ホテルサイトから派生した「一休.comレストラン」など，昨今では多様なユーザーやそのニーズに沿ったサービスが林立しつつある。

　では，私たちはどのようなタイミングで上記のようなサイトを利用するだろうか。それは，昼休みにランチをとる店を探すときかもしれないし，サークルのコンパの予約のときかもしれない。あるいは，旅行先でご当地グルメを堪能したいと思うときかもしれないし，夫婦の記念日を祝うのにふさわしい店を探すときかもしれない。私たちはさまざまな基準によってグルメサイトを選び，さらに，そこに含まれるデータベースを検索することである店を選ぶことになる。もちろんグルメサイトの写真や口コミを参考にしながら特定の飲食店を訪れたとしても，つねに期待どおりの食事にありつけるとは限らない。事前に得た情報が実際の経験と合致しないということも往々にしてありうるだろう。それにもかかわらず，今では，これらのサイトが多くの人びとに対して飲食の選択肢を提供するうえで大きな影響をもつサービスであることは間違いない。

　食べログにしても，ぐるなびにしても，ホットペッパーグルメにしても，それらはともに，飲食店の情報を魅力的なものとして提示し，そこに人びとを誘導することを究極的な目標としていると考えられる。しかし実際それらのサービスを利用して感じるのは，それぞれのサイトごとに戦略の相違が認められるという点である。むろんグルメサイトの閲覧から来店へと至る一連の過程には類似性が認められるわけだが，他方で各サイトは，ターゲットとなるユーザーの性別，年代，利用シーンなどの違いによって，他社との差異化をはかりつつ，より効果的に人びとを飲食店へと誘導するための「導線設計」に余念がないよ

うにみえる。

　本章ではグルメサイトを代表するものとして「食べログ」や「ぐるなび」といったサービスを取り上げながら，また，宮城県仙台市において行政主導の食のブランド化事業「伊達美味」を取り上げながら，各種メディアによってイメージ化される「食」と「地域」の関係について考察する。

2　グルメサイトにおける「地域」の位置

　さて，まず本節で考察してみたいのは，「グルメサイト」と「地域」との関係性である。そもそもグルメサイトとは，人びとを自宅以外の食卓へと誘うものであり，その限りにおいて，ユーザーの空間的移動を喚起するものである。その場合の目的地となる飲食店は，現在地からほど近いラーメン店かもしれないし，あるいは，自宅から遠く離れた料亭かもしれない。グルメサイトは多くの場合デジタル地図と連携しており，スマートフォンでそれを利用する場合，ユーザーは現在地と目的地の位置関係を見定めながら，ある地域の移動を遂行することになるのである。

　他方，「地域」との関係性はそれだけにはとどまらない。たとえばグルメサイトの代表的な例として，「食べログ」（図11-1）と「ぐるなび」（図11-2）のトップページを確認しておこう。

図11-1　「食べログ」トップページ

140　第Ⅱ部　「情報」と「流通」からみるフードビジネス

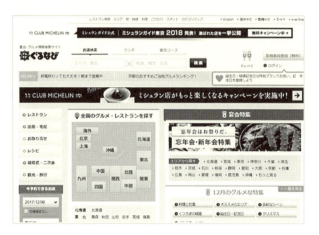

図11-2　「ぐるなび」トップページ

　まず，これらのサイトの共通点であるが，ページ最上部に「エリア」「キーワード」の検索ボックスが配置してあり，さらにその下部の目立つところにエリア別での検索を可能にするリンク，そして「特集」（図は2017年12月6日時点なので，「忘年会」や「宴会特集」の特集）が組まれていることがわかる。同様のページ構成は，これらのサイトのみならず，他のグルメサイトにおいても認められる。なお，ページ構成に関して指摘できるのは，ユーザーがある特定の地域のグルメ情報にアクセスするうえでの利便性，および，季節ごとに異なるトレンドの広告にユーザーの関心をひきつけるための視認性が重視されている，という点であろう。つまり「どこの地域の情報を参照したいか」という点，そして「時期によって異なるトレンドの広告を配置し，いかに閲覧者の興味関心をひきつけるか」という点が意識されているのだ。

　さらにそれぞれのサイトで，各店舗の情報がどのように表象されているかを確認してみよう。比較の事例として取り上げるのは，仙台牛タンの名店「旨味太助」の食べログのページ（図11-3）とぐるなびのページ（図11-4)である。

　前者，すなわち食べログにおける旨味太助のページ（図11-3）には，上部に口コミを投稿したユーザーによる点数評価「3.62」という数値が掲げられている（口コミの採点は「料理・味」「サービス」「雰囲気」「CP（コストパフォーマンス）」「酒・ドリンク」の各項目により評価される）。また，そのすぐ下をみ

第 11 章　グルメサイトにおける「地域」の位置を再考する　　*141*

図 11-3　食べログにおける「旨味太助」のページ [1]

図 11-4　ぐるなびにおける「旨味太助」のページ [2]

1) https://tabelog.com/miyagi/A0401/A040101/4000068/（最終閲覧日：2018 年 1 月 30 日）
2) https://r.gnavi.co.jp/m8a33etf0000/（最終閲覧日：2018 年 1 月 30 日）

てみると，最寄り駅が「宮城」の「勾当台公園駅」であること，ジャンルが「牛タン」「焼肉」「郷土料理」であること，また，そのほかの情報として予算額や定休日などが示されている。ちなみにこのうち「牛タン」の文字にカーソルをあわせると，プルダウンリストに「牛タン×青葉区」「牛タン×仙台市」「牛タン×宮城」との選択肢が表示され，そこからさらに，牛タンを提供する店についてエリアごとに検索できるようになっている。

その下部には，ユーザーが撮影，投稿した料理などの写真が並ぶ。さらにその下をスクロールしていくと，ユーザーによる「口コミ」「旨味太助が紹介されているグルメ情報まとめ」「[PR]近くのお店」「店舗情報」（電話番号・住所・交通手段・営業時間・席数・利用シーンなど）といった情報が配置されている。

これに対して，ぐるなびにおける同店のページ（図11-4）を確認してみよう。最上部には店名と電話番号が示され，さらにその下には，「店舗トップ」「写真」「地図」「口コミ」の四つのタブが設置されている。「店舗トップ」のタブを選択すると，店舗と料理の写真が順番に切り替わるようになっている。ちなみに，このうち料理の写真に関してはユーザーによって投稿されたもの，店舗の写真およびその下部に掲載された店舗説明[3]に関しては（「まっぷる」などを発行する）昭文社により提供されたものだと付記されている。

本サイトに関しては「口コミ」を軸としたものでなく，むしろ広告サイトとしての側面が強いといえるが，「応援フォトを投稿する」といったかたちで，利用経験のあるユーザーが写真付きで口コミを投稿できる仕組みになっている。さらにその下をスクロールしていくと，ユーザーによる「周辺の和食のお店（仙台）」「メニュー／人気のメニューランキング」「旨味太助が紹介されたメディア情報」「旨味太助の口コミ」「旨味太助の基本情報」（電話番号・住所・アク

---

3) 本サイトには昭文社から提供された店舗概要のデータとして「牛たん焼きの生みの親である佐野啓四郎氏直伝の技を守り続ける人気店。手切り，手振り塩の伝統の技法で調理し，一枚一枚熟練の職人技で焼き上げる。噛みしめるとあふれ出る肉汁，素材の旨さを引き出す塩加減など，往年の味を求めて創業当時から通い続けるファンも多い」との説明がそえられている〈https://r.gnavi.co.jp/m8a33etf0000/（最終閲覧日：2018年1月30日）〉。

セス・営業時間・定休日・平均予算など），「旨味太助を見た人が他に見ているお店」といった情報が配置されている。

　食べログの場合，今では広告機能も実装されてはいるものの，それは，あくまでも副次的なものにすぎず，むしろ口コミによる店舗評価を基軸としたCGM（消費者生成メディア）の具体事例として位置づけられうる。これに対してぐるなびの場合は，広告サイト・情報サイトという性格が色濃く，そのためユーザーの利用背景も異なるといえるであろう。

　こうした性質の相違から，双方の断絶が浮かびあがる。口コミサイトとしての食べログはあくまで「そこを訪れた顧客がどう評価したか」を参照する場所であり，これに対して情報サイトとしてのぐるなびは「店舗側がどの情報をみて訪れてほしいか」ということを打ち出す場所である，という点である。両者の収益モデルが「飲食店側への集客サービス」（優先表示などの有料掲載，情報提供など）を軸としながらも，それだけに収入源をしぼらず，広告収入を得ながら口コミサイトとして存在する「食べログ」と，そうでない「ぐるなび」とでは，たしかに，そこに表象される店舗のイメージに差異が生じるのも必然ではないだろうか。

　他方，食べログとぐるなびに共通する要素をあげるならば，両者ともに「エリア×キーワード」といった組み合わせにより，ある特定の地域における飲食店のリストを呼び出せることにある。とくに食べログ，ぐるなびそれぞれの店舗ページでは，ともに店舗名や連絡先などを含む予約機能がページ上部に配置されている。これらは他サイトでも多く採用されている基本的なフォーマットであり，店舗ページの閲覧から予約へと至るユーザーの行為に大差はないともいえる。

　食べログやぐるなびだけに限らず，現在では多様なユーザーやそのニーズに応じて，実にさまざまなグルメサイトが林立しつつある。本節で検討した二つのサイト以外の例をいくつかあげるならば，たとえば料理人にスポットをあてたグルメサイト「ヒトサラ」[4]では，「一味違う，大人のための」などのワードが特集の記事に含まれているなど，高級志向かつ高単価で，少人数での利用が

4）https://hitosara.com/tokyo/（最終閲覧日：2018年1月30日）

想定されているようにみえる。店舗ページには料理人の写真とプロフィールが掲載されており，その点でも独自性を担保している。

これに対して「一休.comレストラン」[5]は，国内・国外宿泊予約もおこなうことができるサイトである。トップページにあるキャンペーン・特集などには，味覚（旬の食材を用いた料理）だけでなくスイーツ，アフタヌーンティー，誕生日にオススメなどのカテゴリーもあり，こちらもヒトサラと同様に少人数，記念日利用などを目的とする層をターゲットしていると思われる。

また「Retty」[6]の場合には，エリア×キーワードによる検索のほかに，「人気のまとめから探す」（図11-5）というコーナーが設置されており，たとえば「【行ってよかった】恵比寿デートに使える人気20店」「京都でおばんざいが食べられる人気店20選」「【定番＋穴場】札幌で人気の魚介・海鮮料理20選」といった「まとめページ」によって，それぞれの地域の人気グルメの店を選ぶこともできる。つまり食べログやぐるなびにおいては，登録された店舗データの集合体がある地域のご当地グルメを総合的に表象するということはなかったが，これに対してRettyでは，まとめページという形態によって，ある地域のご当地グルメと紐づけられた情報提示がおこなわれているのだ[7]。

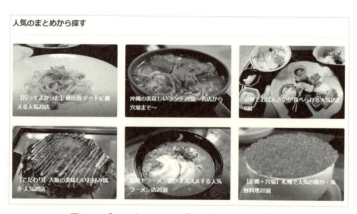

図11-5 「Retty」における「人気のまとめから探す」

---

5) https://restaurant.ikyu.com/（最終閲覧日：2018年1月30日）
6) https://retty.me（最終閲覧日：2018年1月30日）

以上のように，どのグルメサイトにおいても，ユーザーによる「グルメ情報の閲覧」から「予約」，さらには「来店」へと結びつけようとする目的は一致しているが，各サイトのコンセプトの差異によって，店舗データの提示の仕方にさまざまな相違が認められるのである．

3 予期を前提とした欲望の再生産

　あらかじめ断っておくと，前節の議論で取り上げたのは各グルメサイトのPC向けサイトであり，当然ながらスマホ版アプリの場合には，レイアウトや機能などの面で違いがあることも珍しくない．なお，スマートフォン経由でそれらが参照される場合，ユーザーがアプリと連携するデジタル地図を逐一参照しながら，目的地である飲食店に向かう，というケースも多いだろう．つまりここでは，ユーザーはポータブルデバイスを同伴するかたちで空間内を移動し，検索された情報をもとに自らの身体を目的地へと誘導する，という構図が認められるのである．

　かつてロジャー・シルバーストーンは『なぜメディア研究か──経験・テクスト・他者』において，電子メディアが重要な役割を果たす現代社会のなかで，私たちの空間における「動き」について以下のような指摘をおこなっている．

> われわれもまた，メディア空間のなかを，現実にも，また想像上でも，物質的にも，また象徴的にも動いている．メディアを研究することは，空間と時間のなかのこれらの動きについて研究し，それらの相互関係を調べることでもある．（シルバーストーン，2003：37）

　シルバーストーンが述べるように，われわれ現代人は電子メディアを獲得し

---

7) これに類するサービスとしては，「食べログまとめ」〈https://tabelog.com/matome/（最終閲覧日：2018年1月30日）〉をあげることもできよう．本サイトは「外食経験豊富なレビュアーの皆様が自由なテーマでお店リスト（まとめ記事）を作成し，発信できるサービス」を謳っているが，そのなかには，地域性に関連して作成された記事が数多く含まれている．

て以降，複雑な情報のフロー（流れ）に飛び込むように，メディア空間のなかを移動するようになった。河田学（2015）が指摘するように，インターネットの閲覧に際して「サイトへ行く」との空間的な移動を示唆する隠喩が成立すること自体，「移動」をめぐる現代的な状況の複雑さを示唆しているといえるだろう。

同じ電車内で手持ちのスマートフォンとともに移動する人たちは，それぞれが同じ物理的空間を共有しながらも，異なるウェブ空間の移動を経験することで，異なるリアリティを生きているといえる。これは社会学者の鈴木謙介（2013）であれば「現実空間の〈多孔化〉」と呼んだ状況といえようが，それは食べログなどのアプリをみながら空間の移動に従事するユーザーの現実認識にも該当する構図であろう。

さて，前節では食べログやぐるなびをはじめとして，各種グルメサイトの特徴を取り上げ，それぞれを比較してきた。本節でまず目を向けてみたいのは，食べログで店舗ページの右上に設定された，ユーザーの投稿を促進させるバナーである（図11-6）。

ユーザーがある飲食店に興味をもった場合，このバナー上に表示された「★行きたい」をクリックすることで，その店舗データをリストに蓄積することができる。他方，すでに来訪した飲食店について「♥行った」をクリックすることでポップアップウインドウがたちあがり，そこに口コミを記入できるかたちになっている。当該サイトに実装された「★行きたい」および「♥行った」の機能は，記録された口コミ情報を前提として，それを閲覧するユーザーの欲望を喚起する仕組みとして位置づけられるだろう。

ジョン・アーリは『モビリティーズ―移動の社会学』のなかで，チケット発行，住所，安全装置，乗換駅，ウェブサイト，送金，パッケージツアー，バーコード，橋，タイムテーブル，監視などを人びとの移動を可能にする「システ

図11-6　投稿をうながすバナー（食べログ）

ム」として位置づけ，それらについて「旅ができる，メッセージが通じる，小包が到着するといった「予期空間」をもたらす。システムによって，当該の移動が予想可能かつ相対的にリスクのないかたちで反復されることが可能になる」（アーリ，2015：25-26）と指摘している。このアーリによる言説をふまえるならば，食べログやぐるなびなどを含め，スマートフォンでも閲覧可能なグルメアプリは飲食店までの移動を可能にするシステムであり，人びとに「予期空間」をもたらすものであるといえる。

松本健太郎は上記のアーリによる言説を引用したうえで，食べログと同じくユーザーの口コミを前提とする「トリップアドバイザー」を取り上げ，その旅行サイト／アプリが「「予期空間」を形成するものであると同時に，あるいはそれ以前に，個々人の記憶に直結した記録情報の集合体でもある」と指摘している（松本，2017：156）。松本による言説を以下に引用しておこう。

> 誰かが旅先で撮影した写真データがモバイル端末に保存され，さらに，その「被写体の過去の現実」〔筆者注：写真〕［…〕がサイト上にアップロードされ，しかる後に，それがおおくの人々に〔筆者注：当該サイトにおける〕「画像のフロー」のなかで共有されることになる。そして「予期」の主体であるユーザーは，投稿された口コミや写真に依拠して目的地＝訪問先を選定し，類似した行為（料理を食べる，観光地を訪れる，ホテルに泊まる……）を再生産していく。ここに「記録」と「予期」を往還するある種の"循環回路"を認めることは，そう難しいことではないだろう。誰かの「記録」が他の誰かの「予期」につながる（そして，その予期が誘発する行為は，あらたな「記録」をうみだす）——そのような循環回路のなかで，デジタル化された写真もまた，人々の意識と欲望を誘導するシステムのパーツとして振る舞うのである。（松本，2017：156-157）

ここで松本が指摘する「記録」と「予期」の循環回路は，食べログでは図11-6のバナーにおいて典型的なかたちで認められる，といえよう。ユーザーは，ある飲食店に関して投稿された口コミや写真をみて，そのなかから気に入った店について「◆行きたい」をクリックして記録する（「記録を記録する」というわ

けである）。そして，そのチェックされた店舗データをみながら，そしてそれを表示するスマートフォンに導かれながら，「行きたかった」店を実際に訪れる。そして店内で写真を撮影し，「♥行った」をクリックすることで自らのコメントを写真とともに投稿する。そして，その「記録」を起点として，他の誰かによる新たな「予期」が派生する（つまり，それを閲覧した別のユーザーが類似した消費行動を再生産していくことになるのである）。そう考えてみると，食べログなどの口コミサイトは，他者の欲望を前提として，「記録」と「予期」の循環が新たな欲望を再生産するシステムとして解することができるだろう。

4 フードテーマパーク化する地域

　グルメサイト内における多層的な情報空間，あるいは，顧客の来店を惹起するためのサイト構成は，数多くの業界からの参入があり，数多くのサービスが生まれては消えていくなかで洗練されてきた産物なのである。たとえば食べログは，株式会社カカクコムが独自のレビューサイトを運営するうえでのノウハウをグルメ業界に転用したものであるし，ぐるなびも元をたどれば鉄道関係の広告会社が起源である。そのほかにも，クーポンを目玉としていたフリーペーパー『Hotpepper』から派生した「ホットペッパーグルメ」は，もともとは紙媒体だったわけである。そのほかにも，さまざまな業界，さまざまなメディアから生まれた数多くのサービスが，私たちのウェブ空間におけるグルメ情報を体系化し，より豊かなものにしている。

　その一方で，食べログやぐるなびなどのサービスを利用していて，ふと気づくことがある。たとえば，旅行先など未知の場所で飲食店を探す場合，グルメサイトに掲載された飲食店のリストをざっと眺めるだけでは，ある店舗の雰囲気が他の店と変わらない無個性なものにみえてしまうという問題である。さらに先述のように（まとめページによってご当地グルメの店を集合的に提示するRettyなどはひとまず措くとして）食べログやぐるなびなどのサイトの場合，店舗検索のためにはエリアの入力が必要だとしても，個々の店舗データおよびそれらのリストによって，ある地域のご当地グルメが統合的に表象されるということもない。実際に，現代において「ご当地グルメ」のワードはさまざまな

かたちで流通しているし、地方の特産・名産品や郷土料理には地域イメージがついてまわる。ただ、そのようなイメージは上記のようなグルメサイトというよりは、むしろ観光客向けに提示されたサイトや情報誌のなかでこそ前景化されているといえるかもしれない。

たとえば、グルメサイトを閲覧して、仙台のレストラン街を歩いていたとしよう。仙台に住んでいる人たちが地元でランチを食べたいときに、牛タンを売りにする飲食店ばかりが出てくるページを利用することはありえないし、逆に、仙台を訪れた観光客が「地元の味」を楽しみたいときに、当該地域のグルメイメージを抜きにして飲食店を探すことはないだろう。そのことを考えたとき、観光客の利用はもちろんだが、それ以外の人びとの利用も想定される食べログなどのサービスにおいて、「飲食店データの集合体」と「ご当地グルメのイメージ」との接続は常に不可欠とはいいがたい。

これに対して、おもに観光客による閲覧を想定して作成されたサイトも存在している——本章でその一例として取り上げたいのは、仙台市が展開する食のブランド化事業、「伊達美味」[8]である（図 11-7）。まず本サイトだが、そのトップページをひらくと、「せんだいのうまいもの　それが、だてうま」とのコピーが目に飛び込んでくる。この文言が示唆するように、本サイトの目的は仙台の

図 11-7　伊達美味のサイトにおける「メニュー」

8) http://www.dateuma.jp/（最終閲覧日：2018 年 1 月 30 日）

ご当地グルメを魅力的なものとして提示することに設定されているといえよう。

トップページを下にスクロールしていくと、「DATEUMA とは？」「メニュー」「食べられるお店」「フリーペーパー」「イベント」「トピックス」との 6 項目が配置されている。このうち「メニュー」をクリックすると、「牛たん焼き」「笹かまぼこ」「仙台あおば餃子」「仙台あおばスイーツ」「ずんだ餅」などを含め、仙台のご当地グルメがカテゴリー別に並んでいる。さらに、このうち「牛たん焼き」をクリックすると、「全国的に知られた仙台名物の定番」としてその料理の説明があり、また、その下部に配置された「【牛たん焼き】が食べられるお店のご紹介」をクリックすることで、牛タンを提供する市内の飲食店が数十店舗紹介されるページへと移行するのである。

このウェブサイトでは店舗よりもむしろ地域と料理の内容にフォーカスされており、個々の店舗における魅力が大々的に表象されることはない。本サイトでは、仙台のご当地グルメを意味する「伊達美味」というテーマ設定のもとで、その下位カテゴリーとして各種の料理が並び、さらにその下位カテゴリーとして各店舗が並んでいる。逆にいえば、（検索結果がご当地グルメの地域イメージと結びつきにくい食べログなどとは異なり）本サイトにおいては、紹介される飲食店のデータが「ご当地グルメ」のイメージによって包摂され、統合されているのである。

伊達美味はウェブサイトだけではなく、地域の食のブランド化を推進するために、Twitter、Facebook、ブログ、フリーペーパーを通じた情報発信をおこなっているが、このうち、フリーペーパーである「伊達美味マガジン Volume 4」[9]をみてみると、「仙台生まれの伊達美味流お・も・て・な・し！」のターゲットとして、「はじめて仙台を訪れる人、ふるさと仙台に戻ってきた人。もちろん、いま仙台に暮らしている人」が記されている。つまり、ここでは仙台出身者や住民も受け手として想定されているわけだが、それ以上に、このブラン

---

9) 紙媒体に加えて、ウェブサイトから PDF 版をダウンロードすることもできる。ウェブサイトでの説明によると、「仙台市地下鉄の駅構内『せんだいタウン情報 S-style ラック（仙台駅、広瀬通駅、勾当台公園駅、長町南駅、泉中央駅）』や、伊達美味マーケット、または、伊達美味を提供している仙台市内のお店などで配布して」いるという〈http://www.dateuma.jp/magazine/（最終閲覧日：2018 年 1 月 30 日）〉。

図 11-8　伊達美味マガジン Volume 4（2015 年 11 月 20 日発行）

ド化事業では観光客が主要な受け手として想定されているようにみえる。そして観光という文脈で仙台を訪れる人がこのフリーペーパーを手にとるとき，そのフリーペーパーは仙台の街を「フードテーマパーク」のようなものとして観光客に認識させる役割，すなわち，その都市の空間イメージを食文化との関係のなかで再構成する役割を果たすものであるといえるだろう。

5　結びにかえて

　本章では食べログをはじめとする各種のグルメサイトを取り上げながら，それらにおける「地域」の位置について確認してきた。さらに行政主導ですすめられた食のブランド化事業「伊達美味」を取り上げ，そこではグルメサイトとは異なるアプローチによって，ご当地グルメが「テーマ化」されていることを確認した。昨今のＢ級グルメブームやご当地グルメブームが示唆するように，伝統的に継承された，あるいは新たに提案された食文化が地域イメージを象徴する記号として流通するケースが一般化しつつある。そのような現況をふまえたとき，食をめぐる情報が各種の媒体を通じてどのように提示されているのかを精査することは，意味のある試みといえるだろう。

【文　　献】

アーリ, J.／吉原直樹・伊藤嘉高［訳］(2015).『モビリティーズ——移動の社会学』作品社

河田　学 (2015).「情報と空間——テクノロジーが生み出す擬似的な空間」遠藤英樹・松本健太郎［編］『空間とメディア——場所の記憶・移動・リアリティ』ナカニシヤ出版, pp.47-62.

シルバーストーン, R.／吉見俊哉他［訳］(2003).『なぜメディア研究か——経験・テクスト・他者』せりか書房

鈴木謙介 (2013).『ウェブ社会のゆくえ——〈多孔化〉した現実のなかで』NHK 出版

松本健太郎 (2017).「「複数の状態」にひらかれたデジタル写真をどう認識するか——トリップアドバイザーの「トラベルタイムライン」を題材に」谷島貫太・松本健太郎［編］『記録と記憶のメディア論』ナカニシヤ出版, pp.145-158.

第12章
現代中国にみる「食」行動とその意識
メディアテクノロジー前後の変化に注目して

平崎真右・李艶萍・張　元・鄭　歓

　現代の中国社会においては，「EC（E-commerce）」の台頭が示唆するように，メディアテクノロジーの発達によって人びとの消費行為や消費意識が急速に変化しつつある。それは「食」あるいは「フードビジネス」をめぐる状況においても顕著であるが，本章ではその中国における実情を紹介するために，李艶萍，張元，鄭歓の三名による報告を軸に議論を展開することになる。

　まず第2節（李）では，改革開放政策以降に登場する外資のファストフードチェーンを取りあげ，その経営戦略に認められる「ローカライズ」（もしくは「中国化」）や国内資本によるファストフードブームのあり方，そのなかでみられる意識の変容などを紹介する。つづく第3節（張）では「出前サイト」や「出前アプリ」と呼ばれるコンテンツの登場について，そのシステムや歴史について概観する一方で，利便性が急速に高まるなかで喚起される食の安全性についても注目する。そして第4節（鄭）では，中国国家国務院より2015年7月に発表された「インターネット＋」計画に着目し，従来の「EC」をめぐる議論では重視されてこなかった高齢者向けの福祉政策について紹介していく。

1 はじめに

現代中国社会の特徴について考えるとき，その時期と視点をどこにとるかによって，立ち現れるイメージが異なってくる。本章では中国における「フードビジネス」の動向を考えるうえで，時間軸を1978年の改革開放政策から現代にとり，スマートフォンなどのメディアテクノロジー（とくにネット接続を可能にする各種デバイス）の普及の前後を視野にいれて議論を展開していくこととする。これらのテクノロジーは，「食」行動と意識の変化について考える際にもその影響力を看過することはできず，中国社会の「いま」と「これから」を考えるうえで示唆に富むことは間違いない。以下ではまず，メディアテクノロジーの普及について統計面から把握しておく。

インターネットの利用状況について定期的に報告書を作成している「中国互聯網絡信息中心（中国インターネットワークインフォメーションセンター：CNNIC）」[1]の「中国インターネット発展状況統計報告書」によれば，近年のインターネット利用者数（図12-1）とモバイルネットの利用者数（図12-2）の推移は以下のようになる。

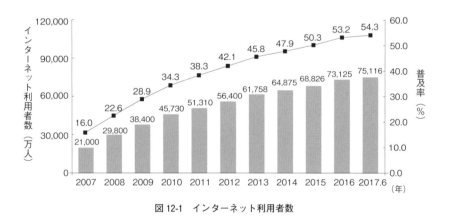

図12-1　インターネット利用者数

---

1) 中国互聯網絡信息中心ホームページによると，1997年6月3日の時点で「国家インターネットワーク・インフォメーション弁公室」に設けられた機関のこと〈http://www.cnnic.cn/（最終閲覧日：2017年8月11日）〉。

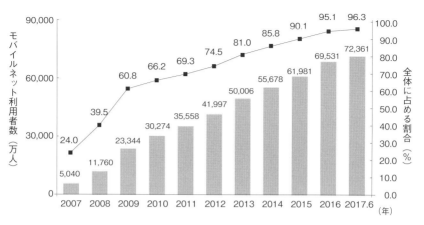

図 12-2　モバイルネットの利用者数 [2]

　これらの数字からは，インターネットの利用者数が年々増加傾向にあること（中国人2人に1人が利用）と，そのなかでもモバイル端末の利用率が2008–09年にかけて急増し，それ以後もかなりの伸び率を示すとともに，インターネット利用者におけるモバイル端末の割合がきわめて高くなっていることが理解できる。中国の急速なネット社会化がうかがえるが，これに関連してインターネット利用者を年代別にみれば図 12-3 のようになる。

　年代別の利用率は 10–49 歳の合計でおよそ 9 割と非常に高いが，近年では 50 歳以上の年代でも利用率が微増傾向にあることがわかる（なお，50 歳以上のネット利用，およびそれに付随する各種サービスについては将来的に増加することが見込まれているが，その一端については本章の後半でも論及されることになる）。現時点ではネット社会のメインユーザーは依然として 10–49 歳の層にあるが，遠からず人口ピラミッドが「逆ピラミッド型（子ども世代が多くの高齢世代を支えるかたち）」になるとみられる中国では，今後は高齢層を対象にしたさまざまなネットビジネスや政策の展開が予測されよう [3]。

---

2) 図 12-1 および図 12-2 は中国互聯網絡信息中心ホームページを参照（2017 年 8 月 11 日閲覧）しながら，「第 39 回中国インターネット発展情況統計報告書」「第 40 回中国インターネット発展情況統計報告書」の数値に基づいて作成したものである。

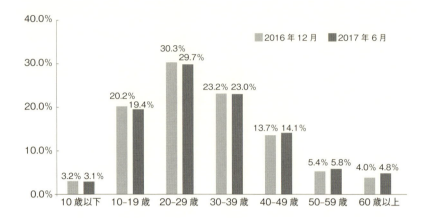

図12-3 インターネット利用者の年齢構成（中国互聯網絡信息中心ホームページを参照しながら，「第40回中国インターネット発展情況統計報告書」の数値にもとづいて筆者作成）

　以上でみたメディアテクノロジーの普及が「フードビジネス」または「食」に与えた影響として，後述する「出前」や「デリバリー」といったサービスの普及が挙げられるが，これらの現象は「E-commerce」（以下，「EC」）[4]の各論に位置づけることが可能である。中国社会における「EC」については，以前の「爆買い」からの移行と捉える向きもあるが[5]，中国版「LINE」ともいえる「WeChat」の決済機能や「アリババ」グループの提供する「Tモール」「Alipay」といった「EC」環境は，先のモバイルネットの利用率とあわせれば，メディア環境の展開と普及による中国人の消費行為や意識の変化を考えるうえで私たちにさまざまな示唆を与えてくれる[6]。

---

3)「RecordChina」ホームページの「中国の人口構造，2030年には逆ピラミッド形に―中国有識者」による〈http://www.recordchina.co.jp/b74403-s0-c30.html（最終閲覧日：2017年8月11日）〉。1979年より実施されていた「一人っ子政策」が，逆ピラミッド型の人口分布を考慮して2016年1月に廃止され，新たに「二人っ子奨励」へと転換されたことは記憶に新しい。
4)「E-commerce」とは，コンピューター・ネットワーク上での電子化された商取引全般を指す呼称である。インターネットの普及以後は，これを用いた取引を示す場合が多くなっている。

本章は以下，3人の執筆者の論で構成されることになるが，それぞれの概要を簡単に示しておこう。まず，第2節（李）では，改革開放政策以降に登場する外資のファストフードチェーンを取り上げ，その経営戦略に認められる「ローカライズ」（もしくは「中国化」）や国内資本によるファストフードブームのあり方，そのなかでみられる意識の変容などを紹介する。なおこの点についてここで別に補足すれば，第2節でも示されるように90年代以降，とくに2000年代より拡大するファストフードビジネスは，たとえば大学キャンパス内の光景と「食」のあり方にも影響をもたらしている。すなわち，「学食」を利用する代わりに学内（学生寮含む）に「出前」を注文する学生も近年にはみられるという[7]。彼ら学生世代にとって90年代より増加しはじめたファストフード店は，日常生活のなかではもはやあたりまえの存在になっている。字義通りに早く・手軽に（あるいは1人で）食せるファストフードは，第3節で紹介される「出前サイト」を覗けば明らかなように，多くの関連店舗（企業）がそこに商品（食べもの）を出品している現状がある。ファストフードは「EC」環境と相性がよ

---

5) その代表としてここではNHKによる報道番組，たとえば「クローズアップ現代＋」の「13億人のバーゲンセール—急成長！中国ネット通販」（2015年11月12日），「特集フロントライン」の「ネット"爆買い"を狙え！」（2016年11月12日），「おはよう日本 けさのクローズアップ」の「"越境EC"で新たなビジネスを生み出せ」（2016年11月27日）などを挙げておく（いずれも「NHKホームページ」による〈https://www.nhk.or.jp/〉（最終閲覧日：2017年8月11日））。ただし，「爆買い」から「EC」へといった単純な図式ばかりとはいえない点に注意したい。2017年7月5日に配信された「RecordChinaホームページ」の「中国人観光客の爆買いは，もはや「歴史上の出来事」」によると，昨今の中国では「モノ消費」から「コト消費」への傾向が強まっており，各種文化施設における現地体験も強まっているという〈http://www.recordchina.co.jp/b182242-s0-c20.html〉（最終閲覧日：2017年8月11日）。
6) その報告として，たとえば龍雅綺による「中国最新メディア事情，細分化するソーシャルメディア」を参照〈https://dentsu-ho.com/articles/4862〉（最終閲覧日：2017年8月11日）。
7) 浙江省杭州市内の浙江工商大学や，安徽省合肥市内の安徽農業大学関係者への聞き取りによる。キャンパス内への出前注文が目立ちはじめたのは5，6年前くらいからとも聞き取りできたが，その増加にともない，キャンパス内を出前バイクが走行することになる。その結果，とくに速度制限が設けられていないキャンパス内では，走行バイクとの接触事故も起こりかねない状況もみられるという。そのため近年では，キャンパス内のバイク走行を禁ずるなどの措置もとられているとのことであった。

く，それをなんら違和感なく利用する近年の学生世代は，(もちろん詳しい調査をふまえる必要はあるが) 彼らの親をはじめとする先行世代とは「食」に対する意識が変化しているといえよう。以上の点も背景に認められることから，近年の「EC」市場における「食」に注目する際に，その前提として，1978 年の改革開放政策以降のファストフードの浸透を考慮する必要性を，その前史にも少し言及しながら示唆する。

つづく第 3 節（張）では「出前サイト」や「出前アプリ」と呼ばれるコンテンツの登場について，そのシステムや歴史を概観する一方で，利便性が急速に高まるなかで喚起される食の安全性についても注目する。

第 4 節（鄭）では，中国国家国務院が 2015 年 7 月に発表した「インターネット＋」計画に着目し，従来の「EC」をめぐる議論では重視されてこなかった高齢者向けの福祉政策について紹介していく。とくにモバイル端末の使用を前提としたネット環境の充実によって，国の政策課題としての福祉問題に対して，民間企業がビジネスの側面から連携を深めていく動向は注目に値するものといえる。

以上のように本章では「EC」環境の変容を視野に入れながら，中国社会における食文化の動向を紹介する。

2 ファストフードの展開にみる意識の変容

1978 年の改革開放政策（市場経済の導入）をきっかけとして，外資系企業による中国への進出が活発化した。北京では 1987 年にアメリカの「ケンタッキーフライドチキン」（以下，KFC と略記）が，その後 1990 年には「ピザハット」が第 1 号店を開店させており，それ以降，数多くの店舗を展開してきた KFC とピザハットは，中国の消費者にあわせた商品戦略を導入してきたといえる。たとえば KFC 上海店が 2010 年に発売したライスメニューがその典型[8]ともいえるが，このような動向はさしあたり「ローカライズ」または「中国化」

---

8) http://www.nbd.com.cn/articles/2010-03-10/269704.html（最終閲覧日：2017 年 8 月 30 日）

第 12 章　現代中国にみる「食」行動とその意識　*159*

図 12-4　中国版 KFC が提供するお粥[9]

図 12-5　中国版 KFC の定番「老北京鶏肉巻」[10]

と呼ぶことができよう。以下では中国人に最も人気のある KFC のメニューを取り上げることで，その特徴や文脈について考察していきたい。

　KFC 中国版ホームページを参照すると，メニューは朝食，昼食，アフタヌーンティー，夕食，夜食の五つにカテゴライズされている。このいずれにも，アメリカブランドである KFC のメニューに（お馴染みのフライドチキンとは別に）中国風のアレンジを加えた料理が含まれている。

　まず朝食では，お粥シリーズが特徴的である。お粥は中国の主食であるが，図 12-4 のようにお粥とサイドメニュー（目玉焼きや揚げパン）のセットが提供されている。また中国では定番の飲み物である豆乳や，セットメニューはもとより，トッピングとして春巻などの点心もある。また KFC では，これらをあわせた「中式全餐」[11]（ジョンシイクェンカン）というフルコースメニューも提供されている。

　昼食時には，中国版 KFC では定番の「老北京鶏肉巻」（ロウベイジンジーロージェン）と呼ばれる巻物が登

9）http://www.kfc.com.cn/kfccda/index.aspx（最終閲覧日：2017 年 2 月 23 日）
10）http://www.kfc.com.cn/kfccda/index.aspx（最終閲覧日：2017 年 2 月 23 日）
11）ピータンと豚肉の粥，目玉焼き，揚げパン，春巻，豆乳がセットになったメニュー。

場する（図12-5）。中華味噌である「甜麺醤（テンメンジャン）」をベースとし，フライドチキンと葱と胡瓜を巻いて食べる。また，和風チキンカレーライスである「日式咖喱鸡饭（リィシィガリージーファン）」といったご飯類も提供される。さらにアフタヌーンティーには，タピオカミルクティー，漢方茶や芋圓（ユーユェン）アイスクリームなど，中国では日常的に食されるデザートが提供される。芋圓は芋の粉を用いてつくられた透明感のある団子のことで，福建省や台湾のあたりでよく食べられる。芋圓アイスクリームは，芋圓のほかにタピオカや小豆などを入れてアイスクリームと一緒に楽しめる，「中」と「洋」をあわせた食べ物である。そして夕食時にはご飯類（カレーのほか，甘辛の焼き鳥ご飯セットなど）が，夜食ではお粥や豆乳などの軽食が提供される。

周知のようにKFCはアメリカ発のチェーンではあるが，それが中国で店舗展開するにあたって，ローカライズした商品を数多く導入していることがわかる。本章では紙幅の制約から詳述は避けるが，同様の事例は，やはり中華風のメニュー（「鶏肉チャーハン」や「北京鴨ピザ」）を導入しているピザハットなどにも見出すことができる[12]。

さて，中国におけるファストフードの展開に関して付言しておくと，前述したようなKFCなどの外資が先行してはいるものの，その一方で近年では中国資本によるチェーンも急速に増加してきている（全体数は図12-6を参照）。

たとえば「真攻夫（ツンゴンフー）」は1990年に広東省で起業された中華料理のチェーンで，2017年時点では中国全土で602店舗にまで拡大している。朝食には麺類や饅頭類，昼食と夕食には10種類以上のご飯セット，単品として茶碗蒸しや甘辛の焼き鳥などが提供される[13]。あるいは，これ以外の中国系企業をみてみても，たとえば「巴比饅头（バビマントウ）」（饅頭）[14] や「吉祥馄饨（キッショウワンタン）」（ワンタン）[15]，「吉阿婆麻辣烫（ジアポマーラータン）」

---

12) 本節以降の議論に関連づけるならば，「ケンタッキー」や「ピザハット」はそれぞれ出前専用ウェブサイトをもつほか，「出前アプリ」も配信している。ウェブサイトは，それぞれ「肯德基宅急送」⟨https://www.4008823823.com.cn/kfcios/Html/index.html（最終閲覧日：2017年5月5日）⟩，「必胜客宅急送」⟨https://www.4008123123.com/phhs_ios/index.htm（最終閲覧日：2017年5月5日）⟩。

13) http://www.zkungfu.cn/（最終閲覧日：2017年5月5日閲覧）。「真攻夫」もまた，デリバリーサービスを実施している。「出前アプリ」の配信は2014年3月より。

14) http://www.babifood.com/（最終閲覧日：2017年5月5日）

第 12 章　現代中国にみる「食」行動とその意識　　*161*

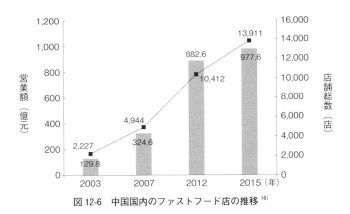

図 12-6　中国国内のファストフード店の推移 [16]

(麻辣スープがメインでスープに入れるものは自由に選べる) [17] のほか，杭州の「知味観(チミカン)」(小籠包) [18] などのチェーンが続々と登場している。これらのファストフード店の利用形態は，これまでは店舗へ直接おもむいての利用が前提であったわけだが，近年では（次節で紹介される）「出前アプリ」や「出前サイト」を利用したデリバリーサービスを，多くの企業で導入している状態にある。次節で示されるような各「出前サイト」をみる限りでは，そこに出店（出品）する企業はチェーン展開化するものが多く目につくことから，ファストフードと「出前」の相性が良いことがわかる。現象としては，（内資外資を問わずに）これまでのファストフード店が，近年急速に浸透・拡大する「EC」環境に続々と参入する様子が認められる。

　また中国におけるファストフードブーム，あるいはそのローカライズにおいては興味深い現象も認められる。同じ漢字文化圏である日本の牛丼専門店「すき家」が 2005 年 1 月に上海でオープンして以来，中国で「牛丼」が注目を浴びるようになった。それ以前から丼物は中華料理にもあったが，それは「丼」で

---

15) http://www.jixiang-ht.com/index/（最終閲覧日：2017 年 5 月 5 日）
16) 「中国統計年鑑」各年度版より作成〈http://www.stats.gov.cn/tjsj/ndsj/（最終閲覧日：2017 年 8 月 6 日)〉
17) http://www.w218.com/（最終閲覧日：2017 年 5 月 5 日）
18) http://www.zwgfood.com/index.php?c=list&cs=zhiweixiaolong&（最終閲覧日：2017 年 5 月 5 日）

はなく「盖浇饭_{ガイジャオファン}」と呼ばれ，ご飯のうえに料理（たとえば麻婆豆腐やチンジャオロース）をのせる食べ物の総称であった。

　さて，この「丼」という文字に注目してみよう。中華民国教育部が発行した『異體字字典』を参照すると，それは井戸の「井」の古い形態，すなわち異体字であることがわかる[19]。牛丼を注文する際は券売機ではなくカウンターで注文するが，メニュー表には「＊＊丼」と記されており，中国人にとって丼ぶりを意味する「盖浇饭」とは記されていない。そのため消費者は店員に教えられるままに「ドン」といって注文する光景が頻繁にみられる。日常的に漢字を使用する中国人にとっても，生活のなかで馴染みのない文字を流暢に読みこなすことは難しい。店員に促されるままに「ドン」と日本語風に発音することと，この「丼」が古い漢字であることとが相まって，多くの中国人はそれを中国語とは思わずに，日本語として認識しているのである。

　以上のように本節では，中国市場への外資系企業の参入から派生した文化交渉の事例を紹介してきた。これらの小さな変化の積み重ねによって，中国人がもつ食に対する意識も確実に変化してきているのである。

3　「出前アプリ」の登場とその利用

　中国では昔から，挨拶の代わりに「吃了吗_{チーラマ}（食事をしたか）？」と声をかけることが多い。その理由としては，食事をとることが必ずしも容易ではなかった時代の習慣が残っている，ということもあるだろう。ここから中国人の「食」に対する執着心とでもいうべきものが垣間見えるようにも思われる。

　現在の中国では食事をとることは必ずしも難しくないが，しかし他方で，飲食のあり方は大きく変化しているともいえる。このような変化は，たとえば料理のグローバル化や，飲食店の業態の変化（とくに企業化・チェーン展開化など）としても顕在化している。さらにはインターネットショッピングの急速な発展にともない，現代の中国では「宅配システム」が一般化し，そのデリバリ

---

19) ネット版『異體字字典』〈http://dict.variants.moe.edu.tw/（最終閲覧日：2017年2月23日）〉

ーサービスという新たなビジネスは飲食業の形態と人びとの生活を変えつつある。とくに「スマートフォン」の普及はデリバリーサービスの発展にとって新しいマーケットとプラットフォームを提供することになり，従来の飲食業に新たなビジネスモデルをもたらしている。以下ではその様子を概観してみたい。

中国でのデリバリーサービス，あるいは「出前」の歴史は宋代に起源を認めることができる[20]。文化財に指定されている『清明上河図』には，北宋の都であった開封の賑わいが描写されているが，そのなかに料理を出前する人物の姿がある（図12-7）。もちろん現在では，注文の際の通信手段や出前のための配送手段は大きく変化している。通信手段が電話やインターネットとなり，また，配送手段も徒歩から自転車，さらにはオートバイになったことで，ますますマーケットが拡大しつつある。とくに近年では，インターネット経由で注文可能な「出前サイト」が普及しており，わざわざ電話をせずとも容易に注文できるようになっている。

現在の中国では，多くの飲食店が出前サービスをおこなっている。そのなかで，「饿了么」「美团外卖」「口碑外卖」「百度外卖」などの出前サイトは，出前に応じる飲食店を集めた飲食店モールのようなサイトであるが，配達は各サイト専門の配達員が担当している（図12-8）。

図12-7 「清明上河図」に描かれた出前の様子[21]

20) http://m.sohu.com/n/446496703/（最終閲覧日：2017年6月16日）
21) https://baijiahao.baidu.com/s?id=1557873101959105&wfr=spider&for=pc（最終閲覧日：2017年9月8日）

図 12-8　配達員の様子（2017 年 6 月 30 日，杭州市内で撮影）

　また，これらのサイトの多くはアプリを提供しており，スマートフォンからのアクセスが容易になっている。サービス内容としては，サイトに登録された飲食店の提供する料理が注文されると，サイトの配達員がその店に出向いて料理を購入し，それを注文者が指定する場所へと届ける仕組みになっている。注文画面には飲食店のメニューに加え，配達時間の目安，配達料金の有無などが表示され，そのなかから好きな料理を選んで注文すればよい（図 12-9）。注文はパソコンよりもスマートフォンなどのモバイル端末からの利用が多く，利用者の大半が 20–30 代の会社員や大学生などの若い世代であるが，最近では高齢者の利用も増えてきている。

　なお，中国の消費者がよく利用する出前サイトを表 12-1 にまとめて示している。

　これらのサイトに登録される飲食店にはファストフードや料理店が多いが，最近では鍋料理や北京ダックなどを扱う店も増えている。以前であれば専門店を訪問しないと食べられなかった料理が，今では出前サービスによって食べられるのである。

　ちなみに，このような出前サイトの先駆けは，上海の大学生が 2009 年に創業した「饿了么」であるといわれる。その後，電子取引大手の「アリババ」や，インターネット検索サイト大手の「百度」も参入している。2016 年 5 月のデータを挙げると，出前サービスのアプリのなかでは「饿了么」「美団外卖」「百度外卖」がそれぞれ 37.8％，30.5％，15.0％の利用率を示している[22]。

第 12 章　現代中国にみる「食」行動とその意識　　*165*

図 12-9　「饿了么」アプリ（スマートフォン上）での注文
（左：メニュー　右：配達時間・料金など）

表 12-1　中国における出前サイト

サイト名	主な客層	参入年（アプリサービス開始年）
饿了么	学　　生	2009 年
到家美食会	都市家庭	2010 年
易淘食	一　　般	2011 年
零号线	サラリーマン	2012 年
美团外卖	一　　般	2013 年
口碑外卖	一　　般	2013 年
我有外卖	サラリーマン	2013 年
百度外卖	一　　般	2014 年

　さて，ネット通販や出前サービスの成長が示唆するように，中国における生活の利便性は向上している。また，それにともなって消費者の食の安全意識も高まっている。最近の消費者はデリバリーサービスを利用するにあたって，配達時間や味よりも，むしろ食の安全性を重視するとの調査結果もある[23]。たとえば中国中央電視台（CCTV）による 2016 年の特別番組「315 晩会」では，「饿

---

22) https://wenku.baidu.com/view/9dd439c2ed630b1c58eeb52b.html（最終閲覧日：2017 年 3 月 17 日）。
23) http://xw.qq.com/tech/20150122013059（最終閲覧日：2017 年 6 月 22 日）

了么」と連携する飲食店の衛生問題が取り上げられ，中国社会で大きな反響を呼んだ[24]。消費者の安全が守られない状況が今後もつづけば，将来的には何らかの対策が講じられる可能性もある[25]。

とはいえ，ネットデリバリーなどの出前市場が引き続き発展性のある産業であり続けることは間違いないだろう。街中のどこでも見かける出前サイトの配達員は，すでに都市の新しい風景ですらある。新しいサービス業の急速な発展が実感されるが，出前市場が利便性と安全性の両面を兼ね備えながら発展していくことを期待するとともに，一消費者として今後の動向を継続的に注視していく必要がある。

4 「インターネット＋」政策からみる食 O2O 産業の現状

「最后一公里問題（最後の1キロ問題）」とは，現代中国社会におけるインターネット接続や公共交通の最終行程を示す表現だが，広義には，都市パブリックサービスにおける末端，細部，顧客満足度にこだわることを意味しており，そこには「福祉」サービスの文脈も関与している。

さて，中国国家国務院（日本での「内閣」に相当する）は，2015年7月に「互聯網＋」（以下，「インターネット＋」と記す）政策を発表した。これは「インターネットを各産業と融合させ，新業態や新ビジネスの創出を図るもの」（藤田，2016：121）だが，それ以来，中国全土ではさまざまな業種業界で新しい事業モデルの開発や既存事業の整合・合併などがすすみ，新しい O2O ビジネスモデルの報告もあらわれている[26]。

ここで注目したい点は，2015年以来，「外出の足」に関わる交通分野でタク

---

24) http://m.huanqiu.com/r/MV8wXzg3MTMwMDRfOTU4XzE0NTgwNDQ0NjA=（最終閲覧日：2017年6月22日）

25) 2017年8月，「アリババ」が本社をおく浙江省杭州市に国内初となる「インターネット裁判所」が設立された。「インターネット裁判所」ではオンラインにおける取引詐欺や債務契約，インターネット著作権侵害に関する資料を審理するとのことだが，本節でみてきた出前などの「食」に関するネットビジネスにおいても，今後は「インターネット裁判所」で審理される事案が現れるかもしれない〈https://www.youtube.com/watch?v=uO4-g529cyk（最終閲覧日：2017年9月5日）〉。

シー配車アプリの配信と自転車シェアリングサービスが開始されたことと，「留守の口」に関わる食分野で「出前アプリ」と「高齢者食事福祉サービス」が活発化していることである。現在は「インターネット＋」政策の進行とリンクしながらこれら二つの事業モデルが中国全土で拡大している状況にあるが，本節では「福祉」をその視野におさめた「食O2O（Online to Offline）モデル」について論じていく。

1）高齢者向けの「出前」ビジネス：政策行動からみる「福祉」

　北京市崇文区は，2010年2月7日に「老年餐桌(ロウネンツァンジョウ)」政策を打ち出した。「老年餐桌」政策とは指定のレストランに専用の食卓を設置し，高齢者向けのメニューを提供する福祉サービスである。自治体の福祉政策を民間で受託する「永和大王(ヨンフゥダーワン)」[27]は，高齢者と身障者向けの「専用食券」を配布し，外出の難しい高齢者向けの宅配サービスも提供している。また2016年の初頭から「老年食堂事業(ロウネンシータン シイェ)」[28]が北京，上海，杭州などの東部地域を中心にすすめられている。そのほかにも，北京市は2015年から「コミュニティ（社区(シェチュ)）」に「養老自助售餐机(ヤンロウ ジ ジュションツァン ジ)」[29]の設置をすすめている。これは電話かネットで注文した料理を一時的に保管する機能も備えており，自分で注文することもできるし，コミュニティのスタッフによる代行も可能となっている。毎日のメニューは，暖かい物と冷たい物をあわせて15種類の料理からなる弁当が提供されている。これらの弁当は「中央給食センター」から配送されており，専用カードをリーダーにかざすと注文した弁当を受け取ることができる。

　以上は自治体主導の福祉政策だが，これについては問題も生じている。料理

26）「インターネット＋」が産業融合を推進する分野は11種挙げられる（①創業・革新，②協同製造，③現代農業，④スマートエネルギー，⑤金融包摂，⑥公共サービス，⑦物流，⑧電子商取引，⑨交通，⑩生態環境，⑪人工知能）。また具体的なリポートとしては，たとえば「JTB総合研究所ホームページ」の「「インターネット＋」中国の自転車シェアリングサービスが開花する?!」を参照〈https://www.tourism.jp/tourism-database/viewpoint/2017/04/lingling-saigo-3/（最終閲覧日：2017年9月5日）〉。
27）朝食，豆乳などの即席中華料理を販売する飲食チェーン店。1995年に創業。
28）「社区」在住の，高齢者向けの専用食堂を設置する事業を指す。
29）高齢者向けの予約式弁当自動販売機。

の配送車両が団地の管理人によって進入を禁止される問題や，サービス提供側の従業員の不足，高コストと低利潤，煙問題，騒音問題などにより，2016年下半期より事業にかげりがみえはじめている。

2)「智能配送柜」と健康志向の高まり

「永和大王」と同じく，行政より指定レストランとして任命された「嘉禾一品」[30]は，2015年6月から高齢者向けのプライベートメニューを提供しはじめた。アプリ，電話またはインターネットで，品物の取り置きを含む注文をし，ネットバンクや「WeChat」「Alipay」などの電子マネーで決済すれば注文完了となる。「嘉禾一品」のセールスポイントに，「智能配送柜」[31]がある。「智能配送柜」とは，「嘉禾一品」と飲食会社「乐栈」，さらに大手電気製品メーカー「格力」が共同開発したロッカー型の設備である（図12-10，以下では便宜的に「ロッカー」と表記する）。

食品専用の「智能配送柜」には，自動消毒システムと0-60度までの温度調節機能が内蔵されており，ロッカー内の食品の状況はデータ化され，いつでもネ

図12-10　上海市内の「智能配送柜」の様子[32]

---

30)　中華風お粥とラーメンなどを販売する飲食チェーン店。2004年に創業。
31)　「智能配送柜」とはIoT（Internet of Things）を基盤に食品，宅配物などを一時的に預かることができる。
32)　https://image.baidu.com/（最終閲覧日：2017年8月30日）

ットで確認することができる。受取日の 2-24 時間前までの注文が可能で，ユーザーが提供するデータによって妊婦コース，哺乳期コース，低脂肪コース，低糖コース，高カルシウムコースなど 40 種類の健康メニューも用意されている。「智能配送柜」は中心業務地区，地下鉄，学校，さらには病院，コミュニティなどに設置されている。

　この設備を導入した出前サービス大手の一つに「饿了么(アルマ)」がある。饿了么は 2016 年から朝食サービスを開始したが，中心業務地区内ビルの「云超市(ユンチャウシ)」[33]に「智能配送柜」を設置している。ユーザーはインターネット経由の取り置きサービスを利用して，受け取り日の前日あるいは数日前に朝食を注文することができる。

　また，「智能配送柜」で提供される商品はお弁当や調理された料理ばかりではなく，比較的安価な野菜や果物などもオンラインで取り寄せ，オフラインで受け取ることができる。「智能配送柜」と連携する他の出前アプリ企業，レストラン，マーケット企業，農家に対しては，低コスト化と鮮度の維持，注文の集中化，配送の定量化や効率化が求められ，利益の拡大が目指されている。

5　おわりに

　本章では，おもに中国における「フードサービス」の動向と食に対する意識の変化について，市場経済の導入以降に広がったファストフードと関連した状況（第 2 節），近年急速に進むネット社会化とそこで提供されるサービスの状況（第 3 節），そして直近では 2015 年以降の状況（第 4 節）を事例にみてきたが，「インターネット＋」に象徴されるテクノロジカルな志向は，スマートフォンなどのモバイル端末の普及にともなったものであった。そしてその過程で，消費者ニーズに対応する際に食品の安全性が重視されるようになってきたこと，また，コスト削減を実現するために O2O 産業化が注目されつつあることを確認してきた。そこでのメインユーザーは若年層，青壮年層ではあるが，第 4 節でみてきたような高齢者や身障者向けの政策にも国内の人口ピラミッドを考慮す

---

33)「智能配送柜」を集中的に設置するスペースのこと。「EC」の一手段である。

るとき，今後はより目を向けるべきである。食のO2O産業化や「EC」環境に注目していくことは，現代中国社会の「食」のあり方や意識の変容をみることだけではなく，「最後の一キロ問題」の解決の仕方，ひいては社会の福祉事業のあり方を考えていくことにもつながるだろう。

【文　献】

浅沼晴男（2001）.「Conscious研究 料理と食材のデリバリー産業―新市場を築きはじめたおいしいビジネス」『エクス・コンシャス』44, 5-8.

熊倉功夫（2006）.「仕出し屋さん繁盛記」『季刊銀花』145, 108-117.

佐藤敦信・菅沼圭輔（2011）.「中国における食生活の変容の年齢層・所得階層・地域別差異」『ICCS現代中国学ジャーナル』4(1), 40-55.

宋道永（2008）.「暮らし 瞬発力とスピード，韓国の出前文化」『Koreana』15(4), 82-86.

藤田哲雄（2016）.「中国のインターネットプラス政策とその展開」『Rim―環太平洋ビジネス情報』63, 106-128.

吉田絵里香（2000）.「生活文化と宅配」『日本フードサービス学会年報』5, 42-49.

コラム③　中国における食と健康への意識

　筆者は北京に長らく駐在している。2千万人をゆうに超える人口を擁する大都市だけあって，筆者が勤務する北京外国語大学の周囲には，中国でもさまざまな地域，さまざまな省の料理を提供する店が立ち並んでいる。日本では中華料理というと上海料理，広東料理，四川料理などが有名であるが，日本人が中華料理に対してもつイメージ以上に，現地の中華料理は多様性に富んでいる。

　中国現地の中華料理について，「脂っぽい」との印象をもつ人も多いと思われるが，昨今そのようなイメージは少しずつ変化しつつあるように感じる。むろん日本料理と比較すると，中華料理には脂っぽい料理が比較的多いが，そうではない料理も数多くある。しかも最近では，中国でも食の安全性をめぐる意識が高まりつつあり，またそれと同時に，人びとの健康に対する意識も高まりつつある。

　たとえば中国茶評論家・工藤佳治による asahi.com の記事「「苦いお茶」。中国健康ブームの象徴に」[1] を参照すると，もともと中国人は「健康好き」であり，つねに食と「健康」あるいは「長寿」はセットで捉えられてきたという。お茶もまた例外ではなく，古来それは「薬」として始まり，それ以降しだいに「飲料」として認識されるようになったという。工藤によると「豊かになり始めた中国の人々。以前から，日常の食事でも，「これはどこに効く」という話題に事欠かなかった人々が，寝ていた子を起こすように「健康食品」でブームを作り始めた。お茶にもすぐその現象が現れた」という。たとえば「苦丁茶」という苦いお茶の場合，「上海などのデパートの食品売り場や食品専門店で，「ガンを予防する」「血圧が下がる」「コレステロールが下がる」「歯痛も治る」「ダイエット効果あり」など「万能薬」のごとき宣伝文句で，大々的に売り始めた」とされるが，その後すぐに一時のブームは収束したとも報告されている。

　実際に筆者の経験でも，ここ数年はとくに，中国人が食生活と関連づけて健康問題に言及することが増えたと感じられる。その背景には，インター

---

1) http://www.asahi.com/world/china/cha/061013.html（最終閲覧日：2017年10月30日）

ネットの普及により，食と健康をめぐる情報を簡単に得ることができるようになったこと，そして経済発展により多くの家庭が健康食品にお金を使えるようになったことがあげられる[2]。また，それに加えて高齢者人口の増加により，あっさりした味の料理も増えつつあるように感じられる。

　中国にはもともと「薬食同源」[3]（多くの食物は薬でもあり，「食」と「薬」には明確な区別はない。なお，日本では「医食同源」[4]といわれている）という考え方があり，実際，食品であると同時に薬としても使用されているものが88種ある。その一部の例をあげると，「ギンナン」「リュウガン」「ナツメ」「ドクダミ」「シソ」「マムシ」「ハッカ」「らっきょう」などがある[5]。たとえば多くの中国人が好む中国風の「火鍋」には，「薬食同源」となる材料が数多くもちいられている。もちろん，個人や店によって追加される材料や調味料は異なるが，中国最大の検索エンジンである「百度」などでも，体調悪化を防ぐためのスープの料理法などが紹介されていたりする。

（執筆：松田貴博）

---

2) https://wenku.baidu.com/view/899d902efab069dc512201c2.html（最終閲覧日：2017年9月18日）
3) https://baike.baidu.com/item/%E8%8D%AF%E9%A3%9F%E5%90%8C%E6%BA%90/10695493?fr=aladdin（最終閲覧日：2017年9月18日）
4) https://ja.wikipedia.org/wiki/%E5%8C%BB%E9%A3%9F%E5%90%8C%E6%BA%90（最終閲覧日：2017年9月18日）
5) https://baike.baidu.com/item/%E8%8D%AF%E9%A3%9F%E5%90%8C%E6%BA%90/10695493?fr=aladdin（最終閲覧日：2017年9月18日）

第13章
「農」と「食」との新しい接続を求めて
CSA／Food Assembly／食べる通信／ポケットマルシェ

大塚泰造

　かつて人間は皆が食糧の生産に何らかのかたちで関与していた。米を作る，麦を作る，鶏を飼って卵を産ませる，さらには魚を捕る……。自らが生きていくため，自分が食べるものは自分で調達するのが基本であった。それが今では「食べ物」をつくる人は「生産者」と呼ばれ，多くの人びとの生活にとっては外部化されている。

　この「生産者」に対する盲目的な委託が，食糧をめぐる今日的な諸問題の根源ではないのだろうか。誰もが自己の生命活動を維持するためには「食べ物」が大切であることは理解していても，その過程には関与しないし，関心も払わない。農家の減少，高齢化，担い手不足，耕作放棄地の増加，これらの社会的課題とされる多くの状況は，日々あたりまえのように手に入る「食べ物」に対する無関心に起因するのではないだろうか。

　本章では，農と食，アグリとフードを結節することで，食糧生産システムを再構築しようとする複数の事例――CSA／Food Assembly／食べる通信／ポケットマルシェ――を取り上げながら，「食べ物」が生命維持に必要な食糧としてだけでなく，今日的な課題を変化させうるメディアとして作用する可能性を考察の俎上に載せる。

1 はじめに

「作物」と「食べ物」の境界はどこにあるのだろうか。大根や人参などの野菜が土中に埋まっているときは「作物」で，それが収穫されたときにはじめて「食べ物」になるのだろうか。あるいは，水で洗い，その泥を落とし，齧れるようになった段階で「食べ物」になるのだろうか。それともスーパーに並べられた瞬間，すなわち食べることを目的としたモノとして陳列された瞬間にならないと，野菜は「食べ物」として認められないのだろうか。

私たちの身体はすべて，私たちが口にしたもので構成されている。普段それを意識することは稀かもしれないが，身体を形成するすべての細胞は，経口摂取されたほかの動植物で構成されているのだ（たとえば昨日食べた牛丼が，文字どおりあなたの血となり肉となっている）。では，人間の身体をつくる食べ物について，私たちはどれくらいの情報を得ているだろう。牛丼と化した牛は，どこで生まれ何を食べて育ち，どのように肉牛として生命を奪われて「食べ物」になったのだろうか。ご飯はいつどこで誰が育てたお米で，どのように管理され，運搬され，白米として提供されたのだろうか。

かつてはすべての人間が食糧の生産に何らかのかたちで関与していた。米を作る，麦を作る，鶏を飼って卵を産ませる，さらには魚を捕る……。自らが生きていくために，自分が食べるものは自分で調達するのが基本であった。それが今では「食べ物」をつくる人は「生産者」と呼ばれ，多くの人びとの生活にとっては外部化されている。2016年の日本では人口の2％，たった223万人の「生産者」のみが「食べ物」の生産に関与している。私たちは自らの身体をつくるための物質の生産を，他者に委ねているわけである。

この「生産者」に対する盲目的な委託が，食糧をめぐる今日的な諸問題の根源ではないのだろうか。誰もが自己の生命活動を維持するためには「食べ物」が大切であることは理解していても，その過程には関与しないし，関心も払わない。農家の減少，高齢化，担い手の不足，耕作放棄地の増加，これらの社会的課題とされる多くの状況は，日々当たり前のように手に入る「食べ物」に対する無関心に起因するのではないだろうか。

この食糧生産に対する無関心を産んだ一つの要因が，都市化がもたらした生

産現場との物理的な乖離だと考えられる。目の前で食事を作ってくれた母親や妻に対するありがたみと，セントラルキッチンで調理するアルバイトへの感謝が異なるように，顔の見えない，どこから来たかもわからない，どうやって生産されたかもわからない，物理的にも情報的にも遮断された「食べ物」の価値を正確に判断するのは困難である。

本章では，農と食，アグリとフードを結節することで，食糧生産システムを再構築しようとする複数の事例を取り上げながら，「食べ物」が生命維持に必要な食糧としてだけでなく，今日的な課題を変化させうるメディアとして作用する可能性を考察の俎上に載せる。

2 アメリカにおけるCSAの現状

CSA（Community Supported Agriculture）とは，1986年にアメリカのマサチューセッツ州でロビン・ヴァン・エンがはじめた会員制の農業である。地域社会（Community）と農業との共存をめざし，農場の近隣住人は作付け前に「シェア」と呼ばれる権利を購入することで会員となる。会員は作付け前にシェアの数（通常は家庭に一つ，年間300–500ドルが相場）に応じた金額を農家に前払いし，農家はここで集めた資金を用いて，種を購入し，作付けをおこなう。この際に，会員の意見が反映されることもある。たとえば「今年はこの野菜を作ってみよう」だとか，「あれはおいしかったので増やそう」「これは肥料を変えてみてもいいんじゃないか」といった意見が消費者である会員から出されることがある。収穫の季節になると，会員はシェアに応じた量の作物を生産者から直接受け取る。自宅まで宅配される場合もあれば，農場まで取りに行かなければならないCSAもある。受け取るタイミングもさまざまで，毎週だったり隔週だったりといった具合である。このようにCSAは農家が消費者と作るオリジナルのプログラムなのである。

ちなみにCSAには，農家側のリスクをシェアするという側面もある。会員は前払いで支払いをするが，いつ何をどのくらいの量で受け取れるかは天候次第となる。不作の年には，期待していただけの作物が受け取れないかもしれないが，そのリスクを農家だけに課すのではなく，会員で分担しようという発想

が前提にある。「相互に共同で取り組むこと（mutual commitment）」がコンセプトとされ，なかには農場にきて一緒に労働することを会員に求める CSA もある。

この CSA は既存の食糧システムに疑問をもつ人びと，地域社会への関心が高い消費者層に支持され，東海岸を起点に全米へと広がっていき，2003 年には全米で 1,000 件を超える農場が CSA を担うようになった。また 2008 年のいわゆるリーマンショック以降，アメリカではローカル経済を見直すムーブメントが拡大し，CSA は地域における経済循環という観点からも支持を得て急速に拡大する。

Local Harvest という CSA 農家が多く登録するサイト[1]によると，5,801 件の CSA 農家が登録され（図 13-1），FDA（Food and Drug Administration：アメリカ食品医薬品局）が 2012 年に実施した調査[2]によると，12,617 件の CSA 農家が全米に存在するとされる。現在のアメリカでは，新規就農の農家における 7 割が CSA をはじめるともいわれており，とくに小規模農家にとっては経営上の重要な選択肢となっている。

しかし CSA が全米へと広がるにつれ，ロビン・ヴァン・エンらが指向した

図 13-1　アメリカにおける CSA 農家の数

---

1) https://www.localharvest.org/（最終閲覧日：2012 年 2 月 20 日）
2) https://www.agcensus.usda.gov/Publications/2012/（最終閲覧日：2012 年 2 月 20 日）

「相互に共同で取り組む」といった意識は変容し、農家にとっては利益率の高いダイレクト販売のチャネル、消費者にとっては割安で新鮮な野菜を手に入れる手段として認知される傾向にあり、KAKAXI, Inc. が 2015 年におこなったリサーチによると、テキサス内の 143 名の CSA 加入者のうち 58% は実際に農場を訪れたこともなく、45% は生産者に直接会ったこともなかった。

　ちなみに CSA 農家の多くが抱える課題が配送である。消費者としては自宅まで宅配されることを希望するが、CSA 農家としては会員数が増えると配送にかかるコストが増大する。作物の生産そのものは会員の需要を十分に満たす量を確保できるが、CSA の本来的なコンセプトから離れ、新鮮でローカルな野菜を入手したいだけの消費者は、アマゾンで頼んだ品物が届くのと同様の利便性を CSA に求めることになるのだ。その消費者の要求に応えようとすると、宅配は農家が担当するのではなく外部の委託先が担当することとなり、生産者から直接的に作物を受け取らなくなった消費者は、せっかく足を運べる距離でつくられたものであるにもかかわらず、その生産の背景やストーリーには関心を払わなくなる。品質と価格という、商品としての表層的な価値のみで比較されてしまうなら、CSA で受け取る野菜と、スーパーに陳列されている野菜との差を認識するのは困難となるのだ。

　筆者が経営する KAKAXI, Inc.[3] が 2015 年にメールと電話でリサーチしたところによると、テキサス州内で Local Harvest に登録していた 160 のすべての CSA 農家のうち、71.9% にもあたる 115 の CSA 農家はすでに CSA での作物の提供を終了していた。地域内での CSA 農家数の増加は逆説的にも地域内での競争を生み出し、結局は会員数の多い CSA に統合されていくというのが現状である。

3　フランス発祥のフードアッセンブリー

　本節では 2011 年にフランスではじまったフードアッセンブリー（Food Assembly）を取り上げてみたい。フードアッセンブリーとは作物を地域の生

---

3) https://kakaxi.jp/（最終閲覧日：2015 年 11 月 22 日）

産者からインターネット経由で購入するサービスだが，おもに都市圏で有志がホストとなり，実際の売買の拠点となるアッセンブリーを立ち上げるのが一般的である。アッセンブリーは公民館だったり，あるいはレストランの一部を借りたりといった具合に，都市住民のアクセスを考慮して選定される。ホストは半径 150 マイル（約 240km）以内の生産者に対してアッセンブリーでの販売を提案する。アッセンブリーはおおむね週に一回のペースで開催され，生産者はそこへ自分の作物を持参して直売する仕組みである。売られるものは野菜や肉だけに限らず，チーズやハム，牛乳やパンなどの加工品もあり，一般的な家庭で消費する食品はおおむねそろうバリエーションになっている。

　これまでも生産者から直接購入できる場所としてはファーマーズマーケットなどの直売所があったが，フードアッセンブリーがそれらと異なるのは，事前に注文をインターネット経由で受けるところだ。ユーザーが最寄りのアッセンブリーを探してサインアップすると，次にいつそのアッセンブリーで何が販売されるのかをインターネットのサイトもしくはスマホアプリを通じて知ることができ，事前に注文することも可能である。生産者としては事前に販売するものがわかっているので無駄な在庫リスクを回避することができ，しかも決済もインターネット経由で完了しているため当日に現金を授受する手間もない。それでいて，実際に顔を合わせて手渡しするので，自分の生産物を食べる人に直接渡すという手応えがあり，消費者のほうも常連となった生産者から対面で買うことで安心感が得られ，また，他の商品の提案やお互いのおすすめのレシピのやりとりなども可能となっている。生産者のなかには農場への訪問を歓迎するものもあり，週末には生産者と消費者がバーベキューを楽しむこともある。

　このフードアッセンブリーはフランスではじまった後にヨーロッパで急速に支持を受け，ドイツ，イギリス，イタリア，スペイン，ベルギーなど現在では 1,500 か所以上のアッセンブリーが毎週各地で開かれている。システムはフードアッセンブリー社が開発し提供するが，個々のアッセンブリーの管理はホストに一任されており，ホストは一定の手数料を売上から受けることができる。ホストがこの業務だけで生計を立てるのは難しいかもしれないが，地域の都市住民と生産者をつなぐ結節点として非常に熱心に活動されているものが多い。

　フードアッセンブリー社は現在 80 名程度の社員を抱えているが，その約半数

図 13-2　ミラノでのアッセンブリーの様子（2017 年 5 月　撮影：小林俊仁）[4]

がエンジニアである。インターネットやスマートフォンといった新しいツールを効果的に使い，地域内の生産者と消費者の結節点を創出し，またビジネスとしてもホストを外部化することで拡大を容易にしている新しい試みだといえる。

4　東北からはじまった「食べる通信」

「食べる通信」は 2013 年に東北ではじまった「食べ物つき情報誌」である。岩手県の県議会議員をつとめていた創業者の高橋博之は，東日本大震災の直後に都市から多くのボランティアが被災地を訪れ，そこで第一次産業に携わる生産者と交流する姿をみてきた。震災がきっかけではあったものの，第一次産業，とりわけ漁業が基幹産業である被災地において，食べ物の裏側にあるストーリーを直接生産者から見聞きした都市住民は大きく共感し，それによって変わっていったという。それまでスーパーで，1 粒 30 円で牡蠣を買っていた消費者が，生産者から 1 粒 100 円で買うようになった，というのだ。

高橋はここから「一次産業を情報産業へ転換する」ことを企画する――そして，そこから誕生したのが「東北食べる通信」（図 13-3）なのである。この食べる通信は月刊の定期購読誌で，各号では高橋が東北中から見出した選りすぐり

---

4) この日は新しいアッセンブリーのお披露目試食会で，生産者約 10 名と近隣住民 50 人ほどが参加していた。

図 13-3　東北食べる通信

の生産者を取り上げることになる。高橋自身が取材に訪れ，1万字以上にものぼる生産者のストーリーを生い立ちから紐解いていく。そして，その生産者がつくった食べ物を，その情報誌と一緒に読者へと届けるのである。

　定期購読の読者は，毎月何が届くのかを楽しみにし，また，情報誌に掲載された生産者のストーリーや地元でのおすすめのレシピなどを楽しみながら料理する。さらに読者専用のコミュニティがFacebook上に設置されており，読者がそこで実際にテーブルにあがった食材を写真付きで投稿できるようになっている。これは，まるで読者同士が仮想の大きなテーブルを囲んでいるかのようでもある。このFacebookコミュニティには読者だけでなく生産者自身も登場し，自分が送った食材が丁寧に料理された様子に感動しながら，読者から投稿された「ご馳走さま」のコメントに返事をしたりする。食材をつくる生産者と，それを料理し食べる消費者が，スマホを通じてリアルタイムにつながる仕組みとなっている。

　このコミュニティは毎号おおいに盛り上がり，1,500名いる定期購読者のうちの3割近くが投稿を通じて生産者に「ご馳走さま」を伝えている。普段は農場で孤独に作業をすることが多い生産者にとって，いままで不可視であった読者＝消費者の姿や，精魂込めてつくった食材がおいしそうに料理されている写真を見ることは新鮮で嬉しい経験となる。

　東北食べる通信は2014年にグッドデザイン金賞を受賞したが，東北からは

じまったこの試みはその後に全国へと波及し，いまでは国内で 37 通信にまでなっている。さらには台湾でも 4 通信が発行されている。それぞれの通信は「食べる通信」のブランドと決済システムを利用するが，基本的に独立採算で，それぞれの地域を盛り上げたいと思っている編集長の手で運営がなされている。

眞鍋邦大（眞鍋・中塚，2017）がおこなったアンケート調査によると，食べる通信を発刊する編集長の 75％が発刊の理由として「地域の現状や埋もれた価値を伝える新しい情報メディアとして」という項目を挙げており，たんなる食材の宅配サービスというよりも，むしろ高橋の意図したとおりのメディアビジネスとして運営されていることがわかる。ちなみに 39 人の編集長（共同編集長を含む）のうち農業・食品関係を本業とするのは 8 名にとどまり，もともと地域メディアを発刊していた者，地域おこし協力隊，印刷業，飲食業，建設業など，顔ぶれも多様である。

東北食べる通信の購読料は月額 2,980 円である。そのうち送料が約 800 円，食材の原価は約 600 円となっている。読者は 600 円分の食材に対して，そこに付随する情報および生産者とのコミュニケーションに 1,500 円を支払っていることになる。食べ物と情報を一つのパッケージとしたこと，Facebook を活用し仮想的なコミュニティを創出したことにより新しい価値が生み出されたといえる。

5 ポケットマルシェの挑戦

ポケットマルシェは，食べる通信を創刊した高橋が次に開始したサービスである。『東北食べる通信』は 2013 年 7 月に創刊され，毎月ほぼ 200 名の読者を獲得し，2014 年 9 月には定期購読者数が 1,500 名まで伸びている。食べる通信は毎号一人の生産者にフォーカスしてその食材を届けるので，読者が多すぎる場合には，その数に見合った食材を確保できない生産者も出てくる。そのおおよその限界値が 1,500 名であり，高橋は読者数が 1,500 人に達した時点で定期購読者の新規入会をストップする判断をしたのである。

また，生産者を丹念に取材し情報誌を構成するためには，月 1 回以上のペースでの発行は難しい。しかしその一方で，東北にはまだまだ紹介したい生産者が

図 13-4　ポケットマルシェのアプリ

列をなして待っているという状況もある。「食材つき情報誌」というパッケージでは，読者数という点でも発行頻度という点でも，あっという間に限界がきたのである。

　そこで高橋が考えたのは，生産者がもつスマートフォンと，消費者のもつスマートフォンを直接的につなぐことであった（図 13-4）。生産者が生産現場へスマホを持ち込み，新鮮な野菜や魚を写真に撮り，それをすぐにアプリを通じてポケットマルシェに出品する。生産者が作物を出品すると，その人物をフォローしていたユーザーのもとへと通知がなされ，その場で購入ができるというものである。ちょうど個人間売買のフリマアプリである「メルカリ」の食バージョンともいえる。

　高橋はヤマト運輸と提携をし，注文が入ったらその発送情報を直接ヤマト運輸のシステムへも送信する仕組みを構築した。するとヤマト運輸はその情報を生産者の最寄りの営業所へ伝達し，そこで伝票を印刷して生産者のもとへ届けるのである。生産者にとっては，自分で出品した食材が売れたことはすでにスマホ経由で把握しているので，その段階で出荷の準備は整っている。あとはヤマト運輸のドライバーが持参した伝票を発送用の箱に貼付して，ドライバーはそのまま集荷を完了させ，翌日にはユーザーの自宅へと食材が配送される。このシステムにより，生産者はパソコンやプリンターがなくてもスマホ 1 台で販売を完結させ，また，売上管理の手間もなく，さらに，ヤマト運輸との契約はポケットマルシェ社が包括しておこなうので送料も安い，という数々のメリットを享受できるようになった。

　このスマホアプリには食べる通信と同様に，生産者と消費者が直接コミュニケーションできる機能が実装されており，食材が届いたユーザーの約 7 割が，料理した写真を生産者のコミュニティへと投稿している。それを閲覧したほか

のユーザーは、そのおいしそうな写真を見て、生産者の食材を再び購入するという好循環が生まれるのである。

このスマホアプリを用いたポケットマルシェのシステムは、いくつかの構成要素から成り立っている。第一に、食べる通信を各地で展開することで生産者の全国的なネットワークが確立されていたこと、第二に、食べる通信として各地から食材を送り続けたことで蓄積されたノウハウがあったこと、第三に、ヤマト運輸が誇る最高水準の物流ネットワークによって、CSA がはらんでいた課題が解決できたこと——これらの要素によって、ポケットマルシェのサービスは確立されているのだ。むろん食べる通信は、食べ物と情報がパッケージになっている点が評価されてはいたが、これに対してポケットマルシェは「食材の流通」と「情報の流通」を分離することで拡張性を獲得したのである。

6 結びにかえて

経済学において「取引数最小化の原理」(図 13-5) という考え方がある。たとえば販売者が 5 人、購入者が 5 人いる場合、それぞれが取引をすると 5×5 で 25 の取引が発生することになる。ここに、卸売業者の M をいれると、販売者は M に売るだけなので取引数は 5。購入者も M から購入するだけなので取引数 5。合計でも 25 あった取引が 10 に削減されて取引が効率化するという原理である。

食糧は人間の生存に不可欠なものであるため、いつの時代にも、その前提と

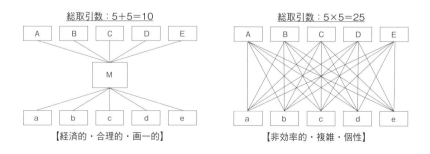

図 13-5　取引数最小化の原理

して円滑な取引機能と適切な備蓄機能が求められる。結果，スーパーマーケットのような大規模なMが誕生し，その機能はますます拡大していくことになる。食品に限らず，販売者も購入者も数が増えれば増えるほど，中間者のMの効用は大きくなる。極論すると，世界中のすべての販売者が1か所に集まり，世界中のすべての購入者が1か所で買えれば，世界中の人に売れ，世界中の物が買えるわけである。アマゾンやアリババは，まさにそのような場を目指しているともいえる。

あらゆる商行為において中間者Mの存在が大きくなるなか，その流れに逆行するように，個と個でつながる世界に戻ろうとする領域がある。それが情報である。インターネットによって情報の流通コストが限りなくゼロに近づき，携帯電話の普及以降は誰しもがその場で情報を発信できるようになった，それによって，世界で起きていることは新聞やテレビが独占的に伝えるのでなく，個人が個人へ伝える世界が誕生したわけである。食をめぐる環境は，そのような新たな情報ネットワークのなかで大きく変わりつつあるのだ。

本章で紹介した四つの試みは，食べ物とそこに付随する情報のパッケージをめぐる組み合わせの違いという観点から再考することができよう。CSAやフードアッセンブリーは地域を重視し，情報と食材が一緒に届くぶん，スケールの拡大がしにくい。食べる通信は食材と情報が同時に届くことを雑誌というメディアを用いて実現したが，物流を外部化しているため送料の問題がつきまとう。ポケットマルシェは食材と情報を分離したためより活発なコミュニケーションが可能となったが，やはり送料問題はつきまとう。

今後フードアッセンブリーやポケットマルシェが向かうのは，スマートフォンを用いた活発なコミュニケーションをともないながら，地域内で食材が流通する仕組みではないだろうか。これは，ゼロに近づいた情報の流通コストに，地域内物流のコストを近づける挑戦でもある。ひょっとすると自動運転の配達車，ドローンなどのテクノロジーがそれを解決するかもしれないし，シェアリングエコノミーの発展により流通コストが激減するかもかもしれない。

IT（Information Technology）とはそもそも見えないものを見えうるものに，知らないことを知りうるものにするテクノロジーである。あまりに身近なのに，あまりに情報が欠落している「食べ物」の領域にそれを活用することで，食や

第 13 章　「農」と「食」との新しい接続を求めて　　*185*

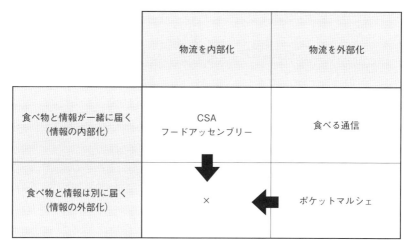

図 13-6　今後の展望

農業をとりまく課題を解決できるのではないだろうか。

【文　　献】

大塚泰造・松本健太郎［監修］(2017)．『メディアをつくって社会をデザインする仕事——プロジェクトの種を求めて』ナカニシヤ出版

高橋博之 (2015)．『だから，ぼくは農家をスターにする——『食べる通信』の挑戦』CCC メディアハウス

高橋博之 (2016)．『都市と地方をかきまぜる——『食べる通信』の奇跡』光文社

ヘンダーソン, E.・エン, R. V.／山本きよ子［訳］(2008)．『CSA 地域支援型農業の可能性——アメリカ版地産地消の成果』家の光協会

眞鍋邦大・中塚雅也 (2017)．「『食べる通信』の運営実態と展開要因——生産者と消費者を繋ぐ新たなプラットフォームの可能性」『農村計画学会誌』*36*, 258-263.

第 14 章
広告戦略からみる地方卸売市場
川崎幸市場を事例に

海野　裕

　卸売市場は社会的なインフラである。生産者から商品を集め，卸，仲買人（仲卸）を介して，小売店にそれを分配していくのが基本的な機能である。卸売市場は価格調整機能，物流拠点機能も提供している。さらに最近では加工拠点機能をももつ。すべてはエンドユーザーたる消費者とその代弁者たる小売店のニーズに対応してそなえられてきた機能である。

　筆者が「川崎市地方卸売市場南部市場の活性化」というテーマに取り組むことになったのは，2013 年の夏である。知人を介してこの市場の関係者に紹介され，低落している市場の活性化に向けて，マーケティングや広告に関する知見の提供を依頼された。

　直接的な消費者との接点をもたない，あるいは，もてない卸売市場がひろく一般に向けたコミュニケーションをおこなう必要性はどこにあるだろうか。本章では川崎市地方卸売市場南部市場を事例として，卸売市場による一般向けのコミュニケーションの様態とその評価をおこないたい。本章はその分析を通じて，卸売市場のコミュニケーションの意義，またそれを拡大して公共セクターのコミュニケーションのあり方に対して一定の視座を確立することを目指すものである。

1 はじめに

　卸売市場は社会的なインフラである。生産者から商品を集め，卸，仲買人（仲卸）を介して，小売店にそれを分配していくのが基本的な機能である。卸売市場は価格調整機能，物流拠点機能も提供している。さらに最近では加工拠点としての機能をももつ。すべてはエンドユーザーの消費者とその代弁者である小売店のニーズに対応してそなえられてきた機能である。そのような卸売市場だが，おそらく一般消費者には縁遠い存在といえるだろう。卸売市場は市場法や条例などにより，認可を受けた買参人のみを相手にした売買をおこなうように定められており，一般消費者を対象にした売買は原則的におこなっていない。卸売市場は基本的に広大な敷地をもっているが，その存在は一般消費者には縁遠いものであろう。

　直接的な消費者との接点をもたない，あるいは，もてない卸売市場が広く一般に向けたコミュニケーションをおこなう必要性はどこにあるだろうか。本章では川崎市地方卸売市場南部市場を事例として，卸売市場による一般向けのコミュニケーションの様態とその評価をおこないたい。本章はその分析を通じて，卸売市場のコミュニケーションの意義について，またそれを拡大して，公共セクターのコミュニケーションのあり方についても一定の視座を確立することを目指すものである。

　筆者が「川崎市地方卸売市場南部市場の活性化」というテーマに取り組むことになったのは，2013年の夏である。知人を介してこの市場の関係者を紹介され，低落している市場の活性化に向けて，マーケティングや広告に関する知見の提供を依頼された。筆者がはじめてみた卸売市場は目を奪うような魅力のある場所ではなかった。そこは，古びた建物と荒れた舗装，ひと気もなく閑散とした施設にみえた。

　この市場は川崎市幸区南幸町に位置しており，交通のアクセスには優れている。第二京浜に面しており，JRの川崎駅からも徒歩で15分程度の距離にある。最寄り駅はJR南武線の「尻手」駅でこちらは徒歩数分といったところだろうか。川崎市地方卸売市場南部市場（以下，「南部市場」）は，川崎市南部の食品流通の確保，流通価格の安定化，食の安全の確保に長いあいだ寄与してきた。

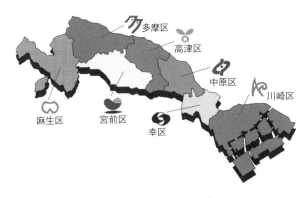

図 14-1 川崎市地図[1]

　川崎市は東西に長い形状をしており，とくに電鉄系の開発の影響を受けて沿線ごとに性格を異にしている（図 14-1）。
　最も東の東京湾に近いエリアは京浜工業地帯である。そこから内陸に入った川崎区と，南部市場が位置する幸区は，京浜急行文化圏およびJR文化圏といえるだろう。この京浜急行とJRの沿線がいわゆる「川崎的」な文化の中核を成している。端的にいえば「川崎らしいエリア」として一般には認知される傾向にある。ここから，さらに内陸に入り，川崎市の中央部である中原区，高津区，宮前区へと目を移すと，こちらは東急文化圏である。東横線と田園都市線沿線は東急のブランディングにより完全に東京のベッドタウンとしてシームレスに位置づけられており，同じ川崎市でありながらも京急・JR文化圏との共通項を見出すのはほぼ不可能である。さらに西の多摩区と麻生区は小田急および京王の文化圏である。このエリアはむしろ東京の八王子市や立川市などとともに多摩文化圏を形成している，川崎市のなかでも特異なエリアである。
　「南部市場」は地方卸売市場であるが，この東急沿線「たまプラーザ」駅から数キロの場所には「北部市場」がある。こちらは川崎市中央卸売市場北部市場が正式名称で，規模も流通量も南部市場の3倍以上の規模を誇る。
　ここで簡単に，中央卸売市場と地方卸売市場の違いについて言及しておく。

---

1) http://www.keins.city.kawasaki.jp/school/index.html#kawasakiku

両者にはもちろん規模の差異があるが，最大の違いは開設主体である。中央卸売市場は人口 20 万人以上の地方自治体のみが農林水産大臣の許可を得て開設することができる。他方，地方卸売市場はその地方自治体の首長（都道府県知事）の許可を得て開設されるが，開設者は限定されておらず，民営化が視野に入っているといえる。

2 川崎南部市場とその事業環境

　南部市場はとくに川崎駅周辺に集積している飲食店，小売店などが主たる買参人である。しかし買参人（売買参加者）の数は年々減少し，2012（平成 24）年には 1,000 名程度となっている。詳細は後述するが，卸売市場は全国的に衰退の一途をたどっている。買参人数はもとより，取扱高も長期低落傾向にあり，総額では過去 25 年間でほぼ半減している。この状況は食品流通の垂直統合化，生産者から消費者への直販化を主要因として，ゆるやかに進行してきたが，ここへきて卸売市場の活性化を行政が謳いはじめている。地方卸売市場の民営化を見据えた指定管理者制度への移行がそれである。川崎南部市場の場合，場内業者が設立した管理会社（川崎市場管理株式会社）を指定管理者として運営を委託するかたちをとっている。卸売市場をとりまく環境は厳しさを増し，さらに卸売市場の関係者もその将来性に疑義をもつ者が多い。遠からず卸売市場は再度その存在意義を現状に合ったかたちで再定義し，限定された社会的な機能を果たすことになるだろう。卸売市場が完全になくなるとは考えにくいが，社会的な役割は限りなく小さくなっていくものと予想される。その根拠として，最近の取扱高，買参人数の推移を確認してみよう。

　農林水産省の資料によれば，1989（平成元）年から最近までの四半世紀ほどで，中央卸売市場の数は 88 から 64 へ，卸売事業者の数は 264 から 166 まで減少している。地方卸売市場の場合，市場数は 1,626 から 1,081 へ，卸売業者数は 1,969 から 1,278 への減少である[2]。総じて，卸売市場，事業者ともこの四半世紀ほどで約 30-40％程度の減少といえる。同じく農林水産省のデータであるが，水産，青果，花卉，食肉の総取扱高は中央卸売市場の場合，1989 年の 6.4 兆円が 2015（平成 27）年には 4.0 兆円に，地方卸売市場の場合，1989 年の 5.4

兆円が2015年には3.2兆円に減少していることがわかる。下落率は，中央卸売市場，地方卸売市場ともに約40％に達している。これがこの四半世紀ほどで起こっているのである。

　川崎市は2013（平成24）年に南部市場の指定管理者制度への移行を発表し，2014（平成25）年から2017（平成29）年までの5か年で同市場の活性化を行う業者を募集した。筆者は先述のとおり，川崎南部市場の場内業者が新たに起こした川崎市場管理株式会社を支援するかたちで，活性化基本計画を策定した。提案内容を要約すればマーケティング戦略の強化によって，川崎南部市場としての特殊性を見出し確立することと，適切なコミュニケーション戦略によって地域社会のなかでのポジションを再構築することである。基本計画および事業計画が2013（平成24）年の10月に提案され，川崎市場管理株式会社が指定管理者となり，筆者は川崎南部市場の活性化，社会へのバリュープロポジション（価値提案）の再考とその適切なコミュニケーションの実施（価値伝達）を担うこととなったのである。

3　広告戦略とは何か

　次節以降，川崎南部市場を例に挙げ，その広告コミュニケーション戦略についてレビューしていくため，本節ではその準備として広告戦略について概観しておきたい。

　まず広告の基本を三つ挙げるとすれば，①ターゲットを明確化すること，②コンセプトを明確化すること，③ポジショニングを最適化することが挙げられる。その上で，広告コミュニケーションを策定し実施していくプロセスで最も重要なこととして，以下の四つが挙げられるだろう。一つ目は広告コミュニケーションの主体の設定，二つ目は広告コミュニケーションの対象つまりターゲットの設定，三つ目は広告コミュニケーションの内容の設定，そして四つ目は

2）数値の出典については，農林水産省の卸売市場情報〈http://www.maff.go.jp/j/shokusan/sijyo/info/〉に掲載されている卸売市場をめぐる情勢について（平成29年6月）〈http://www.maff.go.jp/j/shokusan/sijyo/info/attach/pdf/index-17.pdf〉を参照した。

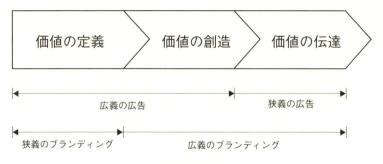

図 14-2　価値の創造と伝達のフロー

広告コミュニケーションの内容の検証である。これらはよりよい広告コミュニケーションを策定するうえで，いずれも重要だが，あえていうならばコミュニケーションの対象であるターゲットの設定が最も重視されており，次にどのような価値を提示すべきか，というコンセプト設定がつづく。ポジショニングとはコミュニケーション主体がターゲットに提供する価値（コンセプト＝バリュープロポジション）の価値を相対評価するためのプロセスであり，これは広告コミュニケーションの内容の検証につながる。広告に隣接する領域にはブランディングという広告コミュニケーションの主体の設定に関わる活動がある。あまり指摘されないことであるが，広告コミュニケーションの立案プロセスとブランディングのプロセスは，一定のターゲットに対する価値を構築するための思考実験であるという点で共通している。

　広告とブランディングの入り組んだ位置関係を整理するために，「価値の創造」と伝達のフロー（図14-2）を作成した。広告もブランディングもまず構築すべき「価値の定義」からスタートするが，ブランドは定義しただけで成立するわけではない。「ブランドエクイティ」という概念があるとおり，定義した価値を不断に創造しつつ，それをターゲットに伝達し蓄積していくプロセスをブランディングと呼ぶ。一方の広告について考えると，先述したターゲット，コンセプト，ポジショニングなどは，広告という「価値の伝達」に用いられるテクニカルな概念である。しかし広告もまたブランディングの一要素である。ブランドが定義された価値を創造し続けるプロセスでは，広告活動もまた重要な役割を果たしているからである。

4 川崎南部市場の広告戦略

 それでは次に，川崎南部市場の広告戦略の核心について解き明かしていこう。本件を広告とブランディングのケーススタディとして捉える場合，最も重要なことは広告主体を再設定した点である。正式な広告主体である「川崎市地方卸売市場南部市場」は一般認知もきわめて低く，関係者からは「南部市場」と呼称されている。また第2節でも触れたように，卸売市場は長期低落を甘受してきたがゆえに，それ自体が広告主体としてのパワーを有していない。ここに広告主体の再設定という課題が生じる。筆者はこの件について，新たなブランド名称を考案することで打破する作戦をとった。デヴィッド・アーカー（1994）が提唱した「ブランドエクイティ」モデルにおいて，エクイティを収める器として機能するのがブランド名称とロゴタイプである。ターゲットが広告（ブランディング）主体のロゴを認知した瞬間に，その主体に関連するイメージが想起され，その主体への愛着が再生される。これがブランドエクイティである（図14-3）。

 川崎南部市場の場合，前述の理由からその名称を変えずにロゴタイプを改訂しても，一般市民が魅力的なイメージを想起できるとは思えないため，まったく新しい名称とロゴタイプを必要とした。試行錯誤を経て，川崎南部市場は「川崎幸市場（かわさきさいわいいちば）」という広告主体を設定した（図14-4）。

 川崎市幸区に位置する立地の特殊性を意識し，「幸」という漢字を中央に据えることで，新たな広告主体が誕生したのである。

図14-3　ブランドエクイティの概念図　　　図14-4　川崎幸市場の主体設定

A   B   C   D

図 14-5　川崎幸市場ロゴタイプ案

　次に取り組んだのはこの名称を一瞥のうちに認知させ，さらには，まだ存在しない質感を想起させるロゴタイプ（シンボルマーク）の開発である。先述したとおりロゴタイプは，対象者がそれを視認した瞬間に当該ブランドについてのブランドエクイティを再生する重要な役割をもつ。その候補案として四点が作成された（図14-5）。

　それぞれを比較すると，卸売市場がもつオーセンティックなイメージとの連関が強い案（たとえばB案）から，未来志向で従来のイメージを切り離そうとするD案など，イメージ戦略上の選択肢は意外に広いということが理解できるだろう。シンボルマークを選択するにあたっては，関係者と場内業者とで何度も討議を重ねた。また，卸売市場の開設者である川崎市とも調整を図りながら，最終的にB案が採用された。

　こうして川崎幸市場という「器」は用意された。次に，実際の手順とは逆になるが，この「器」に蓄積させていくべき，川崎幸市場の「中身＝コンテンツ」について確認していく。図14-2で示したコミュニケーションすべき「価値の定義」がこの作業に該当する。川崎幸市場がコミュニケーションする対象は広く，一般社会，市民社会である。彼らは当然ながら，川崎幸市場の存在を認知していない。そうであれば，広告コミュニケーションの目的は，まず川崎幸市場の存在認知を獲得すること，そしてその存在の社会的な必要性を直感してもらうことである。そのため，できる限りわかりやすく川崎幸市場の社会的存在意義を定義することを目指した。次に掲載するのは，筆者の認めたミッションステートメントとタグラインである[3]。

---

3) https://saiwai-ichiba.jp/幸市場について/ビジョン/（最終閲覧日：2018年2月20日）

> "社会には，めききのチカラが必要だ"
> 川崎幸市場は「めききのチカラの再興」を活動の目標に掲げます。従来，卸売市場はそのときどきの青果，魚介，花卉の価値を見極めて，その価格を決める役割を果たしてきました。卸売市場のめききたちによって市民の食卓は守られてきたと言えます。現在，大手小売店の店頭には実に多くの商品が並んでいます。［…］食卓に上る食材のすべてを大手小売店に依存することに小さな疑問が生じ始めています。消費者が食品について学ぶことはきわめて重要ですが，それにはやはり限界があるのも事実です。
> そこで卸売市場のめききたちのチカラにもう一度着目して欲しいのです。めききたちは，いまこの時期にどの産地がどのような品物を提供できるか，またそれらがどのくらいの量でどんな価格であるべきかを知りつくしています。市民が自らの食の安全を確保し，適正な価格で安心できる食材を入手するためには，こうした卸売市場のめききたちのチカラを借りることが有益です。
> 卸売市場はさまざまな生産物が集まり，あるべき場所に送られていく交差点です。そこはめききのチカラが集まり育つ場所でもあります。川崎幸市場は，めききのチカラを今一度磨き直し，社会と市民に貢献していくことをここに改めて宣言します。

　川崎幸市場のコミュニケーションの組み立てにおいて「価値の定義」にあたるものが上記のミッションステートメントである。急速に社会的な存在意義を失いつつある卸売市場がいま一度その価値を再定義するとすれば，やはり食を知り尽くした目利きの存在が重要となるのではないだろうか。

　極論として，卸売市場がすべてなくなった世界を想像してみよう。食に詳しく，情報収集能力があり，経済力にも優れた一部の消費者は，必要な食材を生産者から直接買うようになるだろう。この流れはすでに「ファームトゥテーブル（Farm to Table）」と呼ばれ，浸透しはじめている。しかし高感度な消費者とはいえ消費者の知識には限界がある。時期と産地との掛け算で，いつどこのこの食材を入手すべきかといったことについては，卸や仲卸の目利きたちの経験と知識にまさるものはない。一方で，情報収集能力がそれほど高くなく，際立っ

た経済力があるわけではない普通の消費者の場合，垂直統合型の大手流通が提供する食材以外の選択肢がなくなってしまう可能性がある。現在ですらセブンイレブンに代表されるナショナルチェーンのコンビニエンスストアが惣菜や弁当などの提供を通じて日本の食卓に大きな影響を与えている。卸売市場が完全になくなったとき，消費者はすべての食材を自ら選択しなければならない。はたして，それは多くの消費者にとって可能なのだろうか。筆者はそうは思わない。卸売市場の目利きたちは，生産者と小売店のあいだに入って食の安全や品質管理，価格調整という役割を演じてきた。そしてその機能自体は今後とも消費者のために必要なのではないだろうか。

川崎幸市場の広告コミュニケーションは，上記のような「卸売市場の目利きが提供してきた食の安心・安全」という価値を，古くて新しい「川崎幸市場」という「器」に流し込み，川崎市南部の市民に，卸売市場の社会的な存在意義を認知，理解してもらおうという息の長い活動なのである。

5 結びにかえて：卸売市場に未来はあるか

川崎幸市場は卸売市場という一般市民からは通常見えていない存在を可視化してコミュニケートすることに挑戦した事例の一つである。広告戦略の要諦は「価値の定義」と「価値の伝達」にあるが，広告主体のブランディングという観点からは日常的な「価値の創出」こそが重要である。川崎幸市場の場合は，ロゴタイプを活用した視覚的なコミュニケーションとともに，SNSを活用した日常的な情報発信に注力した。具体的には川崎市場管理株式会社の職員に「いちばちゃん」というキャラクター的な立場から，卸売市場内で起こるさまざまな事柄についてブログや Facebook，Instagram，Twitter などを活用して情報発信していただいた。この活動は効果的で，場内業者，買参人，一般市民から多くのフォロワーが誕生し，川崎幸市場の応援団として緩やかなファン層を形成することに成功した。これは必ずしも川崎幸市場の広告戦略自体に起因するものではなく，SNSを利用した今日的なインタラクションが効果的であるということを証明した事例といえるかもしれない。しかしSNSを活用して情報発信するためには，先述のとおり恒常的な「価値の創造」のプロセスが必要であり，

それに成功したからこそ SNS を利用した「価値の伝達」が機能したともいえるだろう。

　川崎幸市場は買参人のための市場であり，その日常は一般には公開されていないが，一般市民にとって卸売市場との直接的な関わりをもてるのが，月に一度の一般開放日「いちばいち」と，年に一度開催される大イベント「食鮮まつり」である。「いちばいち」は水産仲卸の組合によって原則的に毎月第一土曜日に開催され，一般市民は新鮮な水産物を買いに早朝から集まる。顔見知りになれば冷凍でない鮪なども入手できるため，「いちばいち」は毎回とても人気を集めている。また，毎年 11 月に開催される「食鮮まつり」は 2 万人の入場者を集める大規模なイベントである。入場者は水産，青果，花卉を中心に，取扱商品を購入することができ，さまざまなアトラクションを楽しむこともできる。こうしたリアルな顧客接点の充実が「価値の創造」であると筆者は考えている。

　筆者も卸売市場の管理運営に関わって 3 年以上が経過した。ここであらためて卸売市場の未来を見据えてみよう。川崎幸市場が掲げた「目利きの力の再興」というテーゼは今後とも有効であろうと思われる。しかしその「目利きの力」が卸売市場という「場」に固定される必要はなく，おそらく「目利きによる選別やリコメンド」の機能は食品流通とは分離されたかたちでも発展していくだろう。近い将来には一定の水準で AI 化されていくことも予想される。食品の加工機能や物流拠点としての卸売市場の機能は引き続き重要と思われるが，生産者と小売店をつなぐ大きなハブとしての機能は確実に喪失していくだろう。これはメインフレームのコンピュータがパーソナルコンピュータ化し，そしてグリッド・コンピューティング化していくプロセスと基本的に同じ性格である。卸売市場がこれまでもっていた機能はもっと汎用的なネットワークによって代替されていく。そして最後に残るのは「市場（マルシェ）」がもつある種の祝祭性ではないだろうか。「いちばいち」「食鮮まつり」といったイベントでなくても，食のジャンクションには祝祭性が存在し，そうした取引あるいは価値の交換を楽しむための場所は存在し続けるのではないか。長い目でみれば卸売市場が従来もっていた機能はほかのサービスによって代替されていくかもしれない。しかし，食のジャンクションとしての祝祭性をより強めた存在としての可能性——このようなものをわれわれはもはや「卸売市場」と呼ばないかもしれない

が——はまだ残されているのではないかと思われる。

【文　献】
秋谷重男・食品流通研究会［編］(1996).『卸売市場に未来はあるか—「生活者重視」へのチャネル転換』日本経済新聞社
アーカー, D.／陶山計介・中田善啓・尾崎久仁博・小林　哲［訳］(1994).『ブランド・エクイティ戦略—競争優位をつくりだす名前, シンボル, スローガン』ダイヤモンド社
北田暁大 (2011).『広告都市・東京—その誕生と死　増補版』筑摩書房
藤島廣二［編著］(2011).『市場流通 2025 年ビジョン—国民生活の向上と農水産業の発展のために』筑波書房

第 15 章
地域フードの PR，販促のための
情報収集プラットフォームの開発
岡山県新庄村の「ひめのもち」を事例として

箕輪弘嗣・大﨑紘一

　「ひめのもちといえば新庄村」といわれるまでに岡山県内ではブランド化され，現在は県外に向けての PR——たとえば国技館，岡山県内 ESD フェスティバルでの餅つき——など，新庄村の努力が継続されている。「ひめのもち」といえば，多くの人が餅をイメージするが，じつは「うるち米（もち米）」として県内外に流通しており，もち米を使用した「ひめのもち」赤飯，「ひめのもち」の麹から作られた甘味料「ひめらて」，岡山県立岡山南高校が開発した洋菓子「ひめらてラスク」などがスーパーマーケット，天満屋で販売されている。

　岡山商科大学では，この「ひめのもち」の新庄村との連携活動の一環として，「ひめのもち」がどのような地域で育ち，収穫されているのかを広く発信するために，産学官連携センターで「ひめのもちプラットホーム」を構築し，運用をしている。本章では岡山商科大学，新庄村，株式会社リプロの連携のもとで，ICT の活用を前提とする InfoStake プロジェクトを取り上げ，地域活性化を目的に企画されたスタンプラリーゲームの事例を紹介することになる。

1 はじめに:魅力的な特産物をもつ新庄村

　岡山県真庭郡新庄村(以下,新庄村)は,岡山県の県北に位置する,人口が約千人の村である(新庄村村役場,2015:1)。近隣の村が統合されていくなか,新庄村は生き残りのために独自の道を模索することを決めた村でもある。また,新庄村は,「ひめのもち」「さるなし」などの特産品による成功事例(石藤,2007;森,2007)を有しており,森林セラピー,がいせん桜,しだれ桜,芝桜(岡山県新庄村,2015)が観光資源として有名であるなど,さまざまな魅力をそなえた地域でもある。

　とくに筆者が新庄村に訪問した際に初めて食べた「ひめのもち」は,シルクのようななめらかな舌触りでたいへんおいしかった。「ひめのもち」を食べたのは道の駅「メルヘンの里」に設置された食堂である。食堂にはFree Wi-Fiが完備されており,食券を購入すると注文連絡が調理師に届き,食券を提示しなくても調理が開始されるといったICT化がすすんでいた。注文したのは,メニューを見て目に止まった牛餅丼である。丼というからには白米の丼を想像したが,米はもち米100%の「ひめのもち」であった。出汁は牛肉と砂糖醬油がベースとなっており,肉汁の上品な甘さをもった汁であった。この汁が「ひめのもち」をさらに際立たせた。お椀のなかには餅が二つ入っていたが,胃にどっしりとくる,食べごたえの十分あるものであった。

2 「ひめのもち」のふる里を掲載するプラットフォーム

　岡山県内では「ひめのもちといえば新庄村」といわれるまでにブランド化され,現在は県外に向けてのPR――たとえば国技館,岡山県内ESDフェスティバルでの餅つき――など,新庄村の努力が継続されている。

　「ひめのもち」といえば,多くの人が餅をイメージするが,じつは「うるち米(もち米)」として県内外に流通しており,もち米を使用した「ひめのもち」赤飯,「ひめのもち」の麴から作られた甘味料「ひめらて」,岡山県立岡山南高校が開発した洋菓子「ひめらてラスク」[1]などがスーパーマーケット,天満屋[2]で販売されている。

表15-1 「ひめのもち」育成のための田圃地点とその緯度・経度

地点	緯度	経度
茅見	35.169962	133.569925
大所	35.170319	133.576788
新庄宿（がいせん桜通り）	35.177350	133.568615
田井（新庄小学校北）	35.182259	133.566310
田中（新庄神社の東側）	35.185076	133.567264
梨瀬	35.188179	133.567503
浦手	35.192141	133.577040
大原	35.194931	133.566139
中谷	35.196756	133.572939
高下	35.202039	133.575065

　岡山商科大学では，この「ひめのもち」の新庄村との連携活動の一環として，「ひめのもち」がどのような地域で育ち，収穫されているのかを広く発信するために，産学官連携センターで「ひめのもちプラットフォーム」を構築し，運用している[3]。

　「ひめのもち」を育成する田圃を選定するうえで，まずGoogleマップを拡大してその場所を確定し，さらに現地へ足を運んで年間を通して写真の撮影が可能な位置GPS（緯度，経度）を設定できる8か所を選んだ（表15-1）。そのうちの1か所には，新庄村の歴史文化遺産である新庄宿（がいせん桜通り）が含まれている。この地点は，後述のスタンプラリーイベントの拠点にも指定されている。ちなみに表15-1に示した8か所の地点は，図15-5の地図にも示している。稲が生育する5月から9月，刈り取り後の10月から4月にかけての各地点の田圃の状況を，360度パノラマ画像として撮影し，プラットフォームで公開している。

1) https://hare365.com/item/?c=zoom&pk=82（最終閲覧日：2017年12月1日）
2) http://www.okaminam.okayama-c.ed.jp/120minamidayori.pdf（最終閲覧日：2017年12月1日）
3) http://sangakukan2.osu.ac.jp（最終閲覧日：2017年11月30日）

3 スタンプラリーゲームの展開

前述した「ひめのもちプラットフォーム」に加え，岡山商科大学では，「ひめのもち」を特産にもつ新庄村と連携して，地域活性化を目指して，スタンプラリーゲームをベースとした情報収集 ICT プラットフォームの開発（以下，本プロジェクト）を進めている。ICT とは IT（Information Technology）に Communication（通信）を加えた造語である。ICT プラットフォームは，岡山商科大学のフィールドスタディなどの活動でも活用を進めており，その第一歩として，村外の人びとが新庄村の観光名所をまわるスタンプラリーゲームを実現しようとしている。観光名所には電子スタンプを配置した杭を設置し，杭上の電子スタンプを読み取るとアプリにスタンプがたまる仕組みになっている。そして獲得したスタンプの数に応じて，割引クーポンを道の駅で交換できるようにしようとしている。それに加えて，このシステムはプロモーション提示機能，ログ収集機能をそなえており，新庄村の PR やフィードバックに活用される予定である（本章では以後，このアプリで読み込む電子スタンプのことを「e スタンプ」と呼ぶことにする）。

1) InfoStake プロジェクト

図 15-1 に示したように，InfoStake プロジェクトは岡山商科大学，新庄村，株式会社リプロ（以下，「(株)リプロ」）の連携によってすすめられている。新庄村には，本プロジェクトの実施フィールドとなる杭の設置場所の提供と一定数のスタンプを獲得した訪問者へ渡す商品割引券などの準備をしてもらっている。また，(株)リプロからは e スタンプのための情報杭（後述）を提供してもらい，新庄村に設置が進められている。

2) ICT プラットフォーム

図 15-2 には，三者による協力のもとで実現した ICT プラットフォームの概略が示されている。同図にあるように，情報杭に埋め込まれた e スタンプである QR コードまたは NFC タグをアプリで読み込む。e スタンプを正しく読み込むと，獲得したスタンプがアプリ上に表示される。さらに e スタンプを 3

第 15 章　地域フードの PR，販促のための情報収集プラットフォームの開発　　*203*

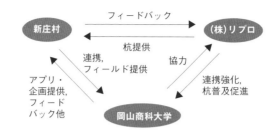

図 15-1　InfoStake プロジェクトにおける連携関係

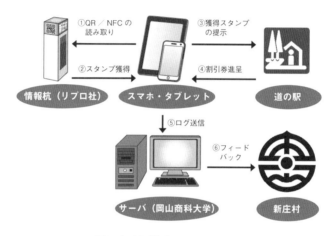

図 15-2　アプリのフレームワーク

個以上獲得したスマートフォンを提示すると，道の駅である「メルヘンの里」にて割引クーポンと交換することができる。メルヘンの里には特産の「ひめのもち」や「さるなし」など，加工品・特産品が売られており，獲得したクーポンを使用して購入することが可能である。

　このアプリでは利用者の方の同意のもと，GPS による行動履歴を取得し，そのデータが岡山商科大学に設置しているサーバへと転送される。そしてサーバに蓄積されたデータを解析して得られた知見や情報を新庄村へフィードバックする予定である。

4 アプリについて

図15-3は開発中のアプリ（以下，本アプリ）の画面である。上段（a）には獲得したeスタンプが表示される。また，中段（b）には新庄村をプロモーションする画像が表示され，画像をタップするとその詳細がウェブページで表示される。また，下段（c）にあるボタンを押すと各モードの切替えが可能である。QRコードを読み込むにはQR Readerモードのボタン（e）をタップする。また，eスタンプ獲得可能なモードの確認，アンケートの更新などは，設定のボタン（f）から実現できる。図15-3の画面に戻るにはホームボタン（d）をタップすればよい。NFCタグはいずれのモードであっても読み込みが可能となっている。

1）対象プラットフォームの選定

本アプリはAndroidOS版とiOS版が開発されている。AndroidOSは，米Google社によって開発されたモバイル端末用OSで，使用制約があるものの無料で利用できる特徴がある。これに対してiOSは，米Apple社によって開発されたモバイル端末用OSで，iPhone，iPad，iPad Proに搭載されている。こ

図15-3　アプリの基本画面（開発中）

の二つの OS 上で動作するアプリを開発要件とした理由は，市場で供給されている「スマート PC」（本章では，スマートフォンや iPad のようなタブレット PC などの携帯型 PC を総じて「スマート PC」として表記する）のほとんどがいずれかの OS を搭載しており，本アプリを利用できるからである。

なお，本アプリが対応しているデバイスは，下記の「本アプリを使用可能なデバイス一覧」に示す。一方，本アプリを使用できないデバイスは，フィーチャーフォンや，GPS を搭載していない iPad などである。

【本アプリを使用可能なデバイス一覧】
- iOS 搭載
  （ア）iPhone 4 以降
  （イ）iPad，iPad Mini ※ GPS を搭載している Cellular 版のみ
- AndroidOS
  （ア）NFC 搭載のスマート PC
  （イ）カメラと GPS 搭載のスマート PC

　AndroidOS と iOS はそれぞれ異なる会社が開発した別の OS であるため，アプリケーション開発用のソフトもそれぞれ異なる。ただ，サードパーティ製からは，複数の OS に対応したアプリケーション開発ソフトウェアが提供されている。たとえば「cocos2d-x」「Visual Studio」「ruby motion」などがあり，また「Unity」や「Unreal Engine」「Xarmin」なども有名である。

　なお，本章で紹介しているスタンプラリーアプリは Unity 上で開発している。Unity を活用することにより，iOS 搭載の iPhone，iPad，AndroidOS を搭載したスマートフォン，スマートタブレット用のアプリを一つのソースコードから生成できる。AndroidOS のアプリを開発できる Android Studio や，iOS のアプリを開発できる Xcode の純正開発ソフトに比べ，開発に必要な知識やスキルも変わるが，一つのソースコードから iOS，AndroidOS を含む複数のプラットフォームで動くアプリを開発できるのはとても利便性が高い。また，Unity は利用者が多い人気の商用ソフトであるため，ソフトの完成度が高く，開発効率がよいという特徴がある。

2) eスタンプの決定

スタンプ獲得のために，本プロジェクトでは次の二つの手段を用意している。

> ① スマート PC による NFC タグの読み取り
> NFC とは，Near Field Communication（近距離無線通信技術）の一種である。本アプリでは，RFID という近接場の起電力発生を利用して通信する。情報杭の NFC タグに本アプリを起動して近づけると近接場で通信を行い，e スタンプをすることが獲得できる。
> ② スマート PC による QR コードの読み取り＋GPS チェック
> QR コードによる e スタンプ獲得も，情報杭に添付された QR コードを読み取るため，NFC タグの読み取りと基本的には同じである。異なるのは，NFC タグと違い QR コードは複製が容易で，インターネット上にコピーが公開されてしまうと，容易に e スタンプを獲得できてしまう。そこで，QR コードによるスタンプ獲得には，不正防止のため GPS を併用したチェックを実施することにしている。不正防止の観点では NFC の方が優位であるが，NFC タグ読み取り機能をそなえたスマート PC は限られている。一方，カメラと GPS は近年ではほとんどのスマート PC に搭載されており，多くの利用者による活用を期待できることから，これら2種類のモードを用意することにした。

3) プロモーション機能

本アプリには，独自のプロモーション配信機能を搭載している。このプロモーション配信機能は，一般的なアプリに搭載されているアフェリエイトなプロモーションではなく，本アプリで実施するイベントに関連したプロモーションのみを配信する。配信するプロモーションは，画像を主体としたプロモーションを想定している。図15-3の中央に示した新庄村公式キャラクター「ひめっ子」の画像がプロモーション例である。また，このプロモーションは数秒ごとに画像を切り換える機能を実装している。この機能によって，利用者がアプリ操作を通じ，プロモーションに触れることで，新庄村に注目するきっかけとなればと考えている。

4) フィードバックのための情報収集

本アプリが学術的な貢献，および主催者へのフィードバックを企図して導入したのが「ログ収集機能」である．この機能により，アプリ利用者の周遊した経路情報および年齢，郵便番号，性別などの利用者のプロフィール利用者の同意のもとで収集できる．それらの情報をイベント主催者へフィードバックすることを，このプラットフォーム構築の目標としている．

近年では，情報収集機能といった何らかのフィードバック機構をそなえたアプリは数多く存在しているが，それらのアプリが収集した情報は社外秘となる．これに対して本プロジェクトでは，本アプリを通じて収集された利用者の情報を解析することにより，学術的知見を獲得し，さらにそれを汎化することを目指している．こういった試みは，コンピュータ・サイエンス研究分野では評価されず，また，十分に取り組まれてきたともいい難い．しかし，本プロジェクトでは今後の地域に還元できる研究となれるよう活動していきたいと考えている．

5　eスタンプについて

1) スタンプ台について

今回スタンプ台として選定したのは，(株)リプロより提供されたストレート杭（90mm角×900mm）の情報杭[4]である（図15-4）．この情報杭は，杭の頭部にNFCタグを内蔵でき，杭上面にQRコードをそなえることができる．

2) eスタンプ台（情報杭）の設置場所

本プロジェクトでは，新庄村の5か所に情報杭（図15-4）を設置し，スタンプラリーゲームを実施する．新庄村の歴史と文化に関連するその5か所とは，次のとおりである．

図 15-4　本プロジェクトに使用する e スタンプ台（情報杭）

---

4) http://www.ripro.co.jp/book2016/HTML5/pc.html（最終閲覧日：2017年12月1日）

> ①がいせん桜通り
> 「がいせん桜」は 1906（明治 39）年に植樹されたもので，もともとは日露戦争での戦勝を記念して，宿場町の街道の両側に桜が植えられたことが起源である。5.5m おきに 132 本が咲きそろう素晴らしい桜並木のトンネルは，新庄村の春を代表する景色である。通りの両側には，いつも，さらさらと流れる水路があり，そのやさしい音色は「日本の音風景百選」「日本のかおり風景百選」にも選ばれている。
> ②道の駅「メルヘンの里」
> 道の駅「メルヘンの里」（※ 2018 年に改名予定）は，新庄村の特産物を扱った販売所である。既述のように，この施設には食事処があり，特産品である「ひめのもち」を使った牛餅丼，揚げ餅おろしうどんは，歯ざわりがよく絶品である。また，店付近では Free Wi-Fi を使用することができ，熊笹茶の無料サービスもある。
> ③不動の滝
> 不動の滝とは無毛山を源流とする滝であり，そのうち男滝では，天候にもよるが，名瀑をみることができる。
> ④ゆりかごの小径（田浪キャンプ場）
> ゆりかごの小径とは，豊かな自然に囲まれた全長 2km の周遊地である。
> ⑤後鳥羽上皇旧跡
> 後鳥羽上皇旧跡とは，承久の乱で敗れた上皇が隠岐配流のなかで休息した跡地とされる。ここで都を想う歌を詠んだという言い伝えがあり，石碑が建てられている。

以上が本プロジェクトにおいて e スタンプ台の設置場所として選定した 5 か所であるが，その位置関係を地図にまとめると図 15-5 のようになる。

6 ソフトウェアの公開

本アプリはすでに Google Play Store（図 15-6），iTunes Store（図 15-7）への登録を済ませ，公開を控えている状態である（2018 年 2 月 24 日現在）。大き

第 15 章　地域フードの PR，販促のための情報収集プラットフォームの開発　　*209*

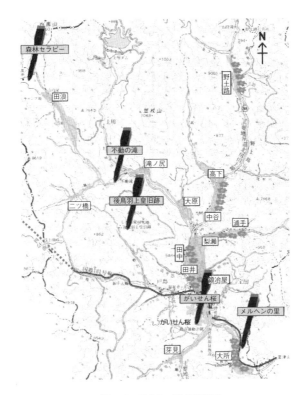

図 15-5　スタンプ台設置場所
注：杭のマークは「e スタンプ台」，□は「ひめのもち」の田圃の位置

図 15-6　Google Play Store 上の
本アプリ（リリース前）

図 15-7　iTunes Store 上の
本アプリ（リリース前）

な変更がなければ予定どおりのリリースとなる。

[謝　辞]

本 InfoStake プロジェクトにご協力賜りました新庄村村長小倉博俊氏，（株）リブロ岡田兼悟社長，岡山商科大学総務企画課中村裕課長補佐，ご協力くださいましたみなさまに感謝し，御礼申し上げます。また，本研究は，文部科学省平成29年度私立大学研究ブランディング事業の助成を受け実施している。

【文　献】

石藤延史 (2007).「ゆれる"百年自治体"(17)―小さくてもキラリと光る自主自立の村づくり」『月刊 自治研』*49*(575), 94-99.

岡山県新庄村 (2015).『出雲街道・がいせん桜通りを歩く　歴史国道・新庄宿』

新庄村村役場 (2015).『村勢要覧―歴史街道・新庄宿』岡山県真庭郡新庄村

森千鶴子 (2007).「もち米「ヒメノモチ」六次産業化で自主自立を貫く」『現代農業』2007年8月号増刊, 32-41.

第 16 章
地域特性におけるフードビジネスと地域振興
岡山県総社市のパンを事例に

渡邉憲二

　現在，さまざまな地域ではフードビジネスを展開することで，地産地消の促進や地域活性化を推進しようという試行がなされている。岡山県においても，地域特産物やご当地グルメによる地域活性化にむけた取り組みがすすめられ，地域独自の食文化を取り入れた潜在ニーズの掘り起こしが目指されている。そのなかでも岡山県総社市は，地域の食文化や産業構造から派生したパン文化に着目した新しいプロジェクトを実施している。

　本プロジェクトでは，たとえば参加事業者同士の情報共有や連携強化をはかるため，参加店会議を月例で開催し，参加店を面的につなぐことに重点をおいている。また，季節限定企画やイベントを開催する際には，メディアによる情報発信やスタンプラリーによる参加店の周遊を促進させることを目的とした取り組みを実施している。とくに情報発信については，パブリシティ戦略と段階的なプロモーション戦略をメディアミックスによって，多くのメディアに取り上げられるように対応している。本章では総社市の事例として，2016年から統一規格のオリジナル商品を展開する「パンわーるど総社」を対象として，総社ブランドの確立に向けた取り組みについての考察を展開することになる。

1 はじめに

現在，さまざまな地域ではフードビジネスを展開することで，地産地消の促進や地域活性化を推進しようと試行されている。岡山県においても，地域特産物やご当地グルメによる地域活性化に向けた取り組みがすすめられ，地域独自の食文化を取り入れた潜在ニーズの掘り起こしが目指されている。

岡山県における地域ブランドに関する先行研究としては，沼泰弘（2007）が津山市における産学官民連携による商品開発について論じ，関満博（2007）が新庄村のコミュニティビジネスについて述べている。また，松永桂子（2009）が笠岡ラーメンの事例をまとめ，近藤健一（2013）がカキオコ（日生カキお好み焼き）のブランドプロセス全体を明らかにしている。

岡山県は少子高齢化や人口減少が著しく，地域活性化のためには地域の高付加価値化を推進していくことが重要となる。そこで，貴重な地域資源を活用した地域ブランドの形成と地域振興について検討することが必要となっている。

本章では，地産地消やフードビジネスを推進する岡山県総社市の事例を取り上げる。とくに総社市の地域特性でもあるパン文化に着目する。総社市では，2016年から統一規格のオリジナル商品を製造販売し，季節限定企画やイベントも開催している。また，メディアを活用した情報発信をすることで，新商品の認知や新規集客だけでなく，参加店の周遊を促進させる取り組みも実施している。そこで，実際におこなわれた施策をもとに，総社市のパンを用いたフードビジネスの現状とその課題について論述を展開する。

2 総社市の概要

岡山県総社市は，政令指定都市である岡山市と中核都市である倉敷市の二大都市に隣接している。人口に関して，1990年代後半までは増加傾向がみられたものの，2000年代以降は横ばい状態となっている。2017年10月末現在，人口は67,356人となっており，岡山県では4番目に多い都市である。

産業構造に関していえば，産業別従業者数は輸送用機械器具製造業の3,359人が最も多く，食料用製造業の2,820人がそれにつづいている。また，製造品

出荷額では，輸送用機械器具製造業（969億3千万円）に次いで，食料用製造業が552億2千万円となっている。これまでに，カルピス株式会社岡山工場，山崎製パン株式会社岡山工場，株式会社紀文西日本岡山総社工場，シノブフーズ株式会社岡山工場，株式会社モンテール総社工場，大黒天物産株式会社中国物流RMセンターなどの食品製造業の企業誘致がおこなわれている。

地域の特徴に関しては，家計調査によるパン消費額（2016年）[1]は，京都41,789円，神戸40,031円についで，岡山は35,619円で第3位となっている。岡山では，食パン[2]が8,603円であり，全国平均よりも低い水準であるものの，他のパン[3]（総菜パンなど）27,016円で，京都に次いで消費金額が高いことが明らかになっている。パンの消費額が全国でも著しく高い岡山において，総社市はパン製造出荷額が県内一であり，県内でもパン普及率（人口に占めるパン屋店舗数）の高い有数の地域[4]である。また，2011年からは，「そうじゃ「地・食べ」委員会」[5]を編成し，地産地消を積極的に推進している。そうじゃ「地・食べ」委員会は，市内の生産者グループから野菜を直接的に買いつけ，これを学校給食調理場や飲食店に販売したり，あるいは，総社市内の小売店で専用の「地食べ販売コーナー」を設置したりするなど，地産地消による地域づくりを目指した各種の取り組みをおこなっている。

3 総社市におけるパンの取り組みとブランド構築

総社市では地域の特徴を活用したご当地グルメとして，2010年から「総社ド

---

1) パンは，小麦粉またはライ麦などの穀粉を主原料に酵母種（イースト菌など），食塩，砂糖，脂肪等を加えて水などでこね，発酵させてから焼きあげたもの，またはパンの基本原料に餡，野菜，ハムなどを加えて焼きあげたものである。
2) 食パンは，基本的な原材料（穀粉，酵母種，食塩，砂糖，脂肪）のみでできているものである。
3) 他のパンは，基本的な原材料以外の材料を加え，初めから一つに成形されたパンである（例：餡パン，ジャムパン，ぶどうパン，メロンパンなど）。
4) 2017年11月現在，総社市におけるパン屋は19店舗となっている（人口1万人あたり2.83店舗）。
5) 「地・食べ」とは，総社の地産地消の取り組みの名称である。

ッグ」を展開している。総社ドッグは,総社市でつくられた産品（パンを含む）を2品以上使い,さらに総社ドッグ普及研究会[6]から認定を受けることにより,そのブランドのもとで販売が許可される。

現在,総社ドッグは5店舗で常時販売され,イベントとしては鳥取バーガーフェスタ（2012, 2013年）や吉備路れんげまつりでも出店され,さらにイベント開催時には特別メニューも用意される。加えて,2010年11月からは年2回ほど,総社ドッグが学校給食として市内の小中学校で提供されている。こうしたご当地グルメがある一方で,地域特性のパン文化に着目した取り組みが新たに開始されている。とりわけ「赤米」[7]と「総社ドッグ」を活用しながら,各参加事業者が統一規格のオリジナル商品を製造販売することで,総社ブランドの展開を目指そうとしている。

総社商工会議所は2015年6月,小規模事業者地域力活用新事業全国展開支援事業「地域力活用新事業∞全国展開プロジェクト」[8]に応募し,調査研究事業として採択された。事業目的は,「赤米」を使った米粉パンを開発し,「パンわーるど総社／So-Ja！pan」（以下,「パンわーるど総社」と記載）による総社ブランドを発信・確立するための調査研究を実施することに設定されていた。

2015年9月から,専門家4名と委員9名によって委員会が組織され,月例の委員会を開催することで,事業の方向性をめぐる検討がはじまった。商品開発については,10月に神戸市を視察し,11月から試作品開発に着手した。その際,商品のコンセプトとして「魅力」「実現可能性」「新規性・希少性」「展開性」をもとに試作を繰り返し,2016年2月に試作品が完成した（総社商工会議所, 2016a）。

---

6) 総社ドッグ普及研究会は,総社市（商工観光課）,総社市観光協会,（一社）総社青年会議所,総社商工会議所青年部,総社商工会議所の5団体で構成されている。
7) 総社赤米は,「赤米の神饌」（岡山県重要無形民俗文化財）に用いられ,現在では岡山県総社市,長崎県対馬市,鹿児島県南種子町の3か所のみで赤米の神事がおこなわれている。なお,神事の赤米は流通せず,総社市では「総社赤米」と「サイワイモチ」を交配させた「あかにもち」が流通している。
8) 小規模事業者が地域資源を活用することで新たな特産品開発や観光開発をおこなうこと,または地域の課題解決に資するコミュニティビジネスの取り組みを支援することを目的とするプロジェクトである。

商品は，総社市特産の「赤米」を使用した米粉ポップオーバー（バンズ），さらにフルーツ餡（白餡にご当地フルーツジュースを加えたもの）が統一規格として定められた。これは，フルーツ餡が全国的に珍しく，さらに知名度の高いフルーツを使うことで魅力がさらに向上すると想定されたためである。ポップオーバーは，技術的な難易度は高くないことから製作できる店舗が多く，日持ちする特性もそなえており，また，原価が安いこともメリットになっている。ネーミングについては「フルーツシューケーキ」と定め，サイズと形状は各参加事業者に任せることになった。

　さらに2016年5月，特産品や観光の開発などに取り組むための支援プロジェクト，「地域力活用新事業∞全国展開プロジェクト（本体事業1年目）」が採択された。その後，参加を希望（もしくは検討）している事業者に向けて6月に説明会を開催し，参加事業者として12店舗が決定された。各参加事業者は，「フルーツシューケーキ」のオリジナル商品開発をすすめ，8月には試食を兼ねた事業発表会を開催し，さらにプレスリリースをおこなった。また10月には一般市民150名を対象としたプレミアム試食会を開催し，12商品の試食とアンケート調査を実施することで，その結果をもとにさらなるブラッシュアップをおこなった。そして，2016年11月6日，「フルーツシューケーキ」の新商品販売を記念して，総社パンマルシェが開催された。

4　「パンわーるど総社」の商品開発と活動展開

　フルーツシューケーキは12店舗で販売が開始され，各店舗によって販売価格は160円から420円までとばらつきがあるものの，参加事業者主導で販売価格と販売数量の設定がなされた。また，「フルーツシューケーキ」を販売する店舗には，オリジナルののぼり旗が設置されている。なお，各店舗におけるフルーツシューケーキの特徴は表16-1のとおりである。

　フルーツシューケーキは，レモンやリンゴを使ったものから，ミカン，メロン，ラズベリー，パッションフルーツ，シークワーサーを使ったもの，さらに総社市産のピオーネや自社農園で栽培したブルーベリーを使用したものまであり，多種多様で個性豊かなアレンジが加わった商品となっている。

表 16-1 各店舗におけるフルーツケーキの特徴
(総社商工会議所 (2016b) およびパンわーるど総社 HP より作成)

店舗名	フルーツシューケーキの特徴	価格
サントピア岡山総社喫茶四季	鹿児島県産パッションフルーツピューレ(パッションフルーツと柚子の2種類がある)	270円
サンエトワール総社	広島県呉市産レモンジャム(大長レモンを使用)	216円
パンライフ	岡山県総社市産ピオーネドライピオーネ(ドライピオーネ入り白あん)	250円
THE MINGERING DINER	広島県産レモン果汁(白あんとミルククリームのディップスタイル)	420円(2個セット)
珈琲と人	広島県産瀬戸田産レモン果汁(クルミ入り白あん)	420円
サンロード吉備路ベーカリーカフェクルール	沖縄県産シークワーサー果汁(総社市産の赤米甘酒入りホイップクリームを使用)	210円
パティスリーマ・ジェール	北海道産メロンピューレ(クレームブリュレ仕立て)	400円
農マル園芸吉備路農園ガーデンズカフェ	岡山県総社市産ブルーベリーソースと果実(ブルーベリーは自社農園で栽培)	350円
ナンバベーカリー	青森県産リンゴジュースとジャム(リンゴのコンポート入り)	345円
ベーカリートングウ	青森県産リンゴジュース(自家製のセミドライリンゴ入り)	350円
AMBROSIA	青森県産ラズベリージュース(無添加フルーツシューケーキ)	324円
エビスパン	愛媛県産ミカンジュース(牛乳や乳製品を不使用)	160円

　本プロジェクトではパブリシティ戦略と段階的なプロモーション戦略を企図して，多くのメディアを通じてメディアミックス的な情報発信ができるように対応がすすめられている。まず，記者会見と関係者向けの試食会を兼ねた事業発表会を開催することで，マスメディア(民放3社，ケーブルテレビ1社，新聞，雑誌)からの取材を受けている。そして，事業発表会が取り上げられたことで，その後もメディアへの露出が増加し，県外への情報発信を実現することができた。つづいて一般市民向けのプレミアム試食会を開催することで，さら

にマスメディアからの情報発信をおこなうことができた。最終的に，新商品発表と同時にマルシェを開催するために，プレスリリースを実施した。こうした段階的プロモーションを遂行することで，テレビやケーブルテレビでの放送をはじめとして，新聞，タウン情報誌，タブロイド紙などにも記事が掲載されたのである。さらには，SNS（Facebook，Twitter）や「パンわーると総社」のホームページを利用した情報発信も同時に実施された。

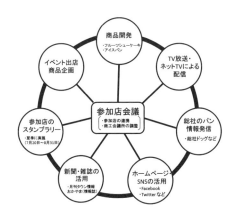

図 16-1 「パンわーると総社」の事業概要
（総社商工会議所（2017）およびヒアリング調査より作成）

つぎに「パンわーると総社」の事業概要，ならびに商品発売以降の事業スケジュールに関して，それぞれ図 16-1 と表 16-2 に示した。

2017 年度の事業概要については，参加店会議を月例で開催し，総社商工会議所の調整によって参加事業者同士の連携強化がすすめられた。さらに，フルーツシューケーキを核として，ご当地グルメの総社ドッグや総社のパンに関するものを総括的に捉えながら，参加店を面的につなぐことで地域活性化を推進している。あくまでも，参加店を軸としながら，「パンわーると総社」の活動や情報発信をすすめていくことで，県内だけでなく，県外にも総社市のパンについての認知を浸透させ，さらには総社市のブランド化を促進させることを狙っている。その情報発信については，昨年度と同様に，新聞，タウン情報誌だけでなく，「パンわーると総社」のホームページや Facebook，総社商工会議所の Twitter も活用している。さらに，広報戦略アドバイザーを中心に情報発信機能を強化し，インターネット TV にも出演することで，総社市外からの誘客もはかっている。

商品企画と商品開発に関して，「パンわーると総社」では，これまでに 3 回ほど季節限定企画が展開されている。まずは 2017 年 2 月から 4 月までの春季限定企画として，フルーツシューケーキの第 2 弾である「イチゴ」を材料に使っ

表 16-2 「パンわーるど総社」事業スケジュール
（総社商工会議所（2016b），パンわーるど総社 HP，総社商工会議所 HP より作成）

		商品展開	イベント・活動	情報発信 掲載物	情報発信 放送・出演
2016 年	11 月	フルーツシューケーキ販売開始	スタンプラリー実施「総社パンマルシェ」開催	掲載（タウン情報おかやま）	ホームページ開設 Facebook 開始 Twitter 更新
	12 月		スタンプラリー実施		
2017 年	1 月		スタンプラリー実施		
	2 月	フルーツシューケーキ「苺バージョン」販売（季節限定）		新聞掲載（山陽新聞）	TV 放送
	3 月	フルーツシューケーキ「苺バージョン」販売（季節限定）	イベント出店（倉敷市）		TV 放送
	4 月	フルーツシューケーキ「苺バージョン」販売（季節限定）	イベント出店（吉備路れんげまつり）	掲載（タウン情報おかやま） 掲載（月刊製菓製パン） 掲載（JR 西日本パンフレット）	ケーブルテレビ放送
	5 月				TV 放送
	6 月				インターネット TV 出演
	7 月	「アイスパン」販売（季節限定）	スタンプラリー実施	掲載（山陽新聞） 掲載（オセラ）	
	8 月	「アイスパン」販売（季節限定）	スタンプラリー実施	掲載（タウン情報おかやま） 掲載（山陽新聞）	TV 放送 ラジオ出演
	9 月	フルーツシューケーキ「秋バージョン」販売（季節限定）			
	10 月	フルーツシューケーキ「秋バージョン」販売（季節限定）	「パンわーるど総社」1 周年記念報告会	掲載（山陽新聞） 新聞折込 チラシ配布（JR 岡山駅）	
	11 月		「総社パンマルシェ」開催「パンわーるど総社フェア」記念日登録	掲載（山陽新聞） 掲載（タウン情報おかやま）	TV 放送

たシューケーキを 8 店舗で販売した（価格設定は，各店舗によって 110 円〜410 円）。そこではイチゴ餡やイチゴソースにイチゴの果実を盛りつけた商品や，自社農園のハウスで収穫したイチゴを利用した商品などが提供された。

次に 2017 年 7 月から 8 月末までの夏季限定企画として，アイスクリームをパンと組み合わせた「アイスパン」を販売している。アイスパンは，フルーツやクリームを凍らせた商品，さらには総社市にあるカルピス株式会社の乳酸菌

飲料をアイスに加えた商品など，各店舗がアイデアや創意工夫によってオリジナルの商品を展開し，8店舗で販売された。アイスパンの価格は150円〜540円で，やはり各店舗が価格を決めている。

　最も新しい事例としては，2017年9月から10月末までの企画として，フルーツシューケーキの第3弾である「秋バージョン」を8店舗で実施している。「秋バージョン」では，ブドウを使用したシューケーキが多く，さらにはイチジク，レモン，ライムといったフルーツだけでなく，サツマイモを加えた商品も展開され，価格は200円〜486円で提供されている。

　そのほかの企画イベントに関して，これまでに2度にわたってスタンプラリーが開催された。1回目は「フルーツシューケーキ」の販売開始と同時に実施されたものであり，新商品の認知や新規集客だけでなく，参加店の周遊を促進することを目的として企画された。スタンプラリーは，「フルーツシューケーキ」を販売する店舗で500円以上（フルーツシューケーキ1個を含む）を購入すると押印を受けることができる。12店舗すべてのスタンプを集めると，抽選で3名に5,000円の商品券を，6店舗のスタンプでは，抽選で50名に1,000円分の商品券がプレゼントされることになっていた[9]。スタンプラリーは，新商品販売日（2016年11月6日）から2017年1月31日まで実施された。

　また2回目は，「アイスパン」の販売と同時に実施されている。このスタンプラリーでは，「パンわーるど総社」に参加する10店舗で500円以上（パン・ケーキ・アイスパンなど）の商品を購入すると押印を受けることができるように設定された。10店舗すべてのスタンプを集めると，3名に5,000円の商品券を，6店舗のスタンプで10名に2,000円分の商品券を，4店舗のスタンプで30名に1,000円分の商品券を抽選でプレゼントするという企画であった。スタンプラリーの実施期間は，アイスパンの販売開始（2017年7月20日）から2017年8月31日までであった。前回のスタンプラリーよりも応募総数は増加していたものの，開催期間が短いこともあって店舗すべてのスタンプを集めた応募者数は減少した。

9）スタンプラリーの応募総数は，70名であった。応募総数のうち，12店舗すべてのスタンプを集めた応募者は33名であった。

2017年10月30日には,「パンわーるど総社」の1周年記念報告会が開催された。推計では,経済効果が9,588万円（累計額,2017年9月30日まで）で,参加店の売上げが4割増加,来店者も3割増加があったことが報告された。まだ開始されたばかりのプロジェクトではあるものの,参加事業者に対する活動支援と地域活性化との関係性がうかがえる結果だったともいえる。

また,日本記念日協会から「パンわーるどの日」として認定を受けることができた[10]。この認定を記念して,2017年11月6日から12日までの1週間,「パンわーるど総社フェア」が開催され,各参加店（8店舗）が日替わりでサービスを実施している。「パンわーるど総社フェア」では,①商品購入による購入金額の割引,②商品購入による割引券配布（次回以降に利用可）,③そのほか（無料サービスやポイント付与）という3パターンが用意された。

また11月12日には「パンわーるど総社」の1周年記念として,限定100名に対するプレミアムイベント「総社パンマルシェ」が開催された。このイベントは,参加店9店舗の一押しのパンやスイーツの試食だけでなく,トークショーやミニライブが同時に組み込まれていた。イベント参加者は事前に申し込みをおこない,抽選で決定されている。応募総数は304名で,総社市以外が7割であった。このことから,岡山県内でも比較的認知されたイベントになったといえる。

5 結びにかえて

本章では,総社市の地域特性でもあるパン文化に着目し,2016年から統一規格のオリジナル商品を展開する「パンわーるど総社」を対象として,総社ブランドの確立に向けた取り組みについての考察を展開した。本プロジェクトでは参加事業者同士の情報共有や連携強化をはかるため,参加店会議を月例で開催し,参加店を面的につなぐことに重点をおいている。季節限定企画やイベント

---

10) 総社のパンを多くの人に食べてもらうことを目的として,「パンわーるど総社」委員会が記念日を制定した。総社市は県内一のパン製造出荷額であり,人気のパン屋も多い「パンの街」である。記念日は,「フルーツシューケーキ」の発売日（2016年11月6日）に関連している。

を開催する際には，メディアによる情報発信やスタンプラリーによる参加店の周遊を促進させることを目的とした取り組みを実施している。とくに情報発信については，パブリシティ戦略と段階的なプロモーション戦略をメディアミックスによって，多くのメディアに取り上げられるように対応している。加えて，参加店の情報や特記事項については，SNS（Facebook，Twitter）や「パンわーるど総社」のホームページを更新することで対応している。

　現在，「フルーツシューケーキ」の販売開始から1年が経過した段階である。参加店の売上げや来店者数が増加していることを鑑みれば，参加店の個別支援と総社市の地域活性化が結びついていると評価できる。これまでの情報発信やイベント開催によって，岡山県内では比較的ブランド認知がすすんでいると思われるものの，これからは県外に向けた情報発信を促進していくことが，総社ブランドの確立に向けた大きなステップになると思われる。今後としても，参加事業者同士の面的なつながりが，「パンわーるど総社」の強みであることに変わりはないものの，その参加事業者間の連携と調整を継続的におこなっていく体制構築がますます重要になると推察される。

　本章では地域特性によるブランド化を推進する事例として，総社ブランドの確立に向けた取り組みを示してきたが，今後は多角的な視点でのアプローチや定量調査を実施することが次なる研究課題となる。

［謝　辞］
本研究にご協力いただきました総社商工会議所業務課の坂本慎二様，指導課の平田洋之様には，多くの助言と資料提供を賜りました。この場を借りて感謝申し上げます。なお，本研究は，文部科学省平成29年度私立大学研究ブランディング「寄り添い型研究による地域価値の向上」の助成を受けた成果の一部である。

【文　献】
近藤健一（2013）.「B級ご当地グルメのブランド化プロセス―日生カキお好み焼き研究会の2002～2008年の取り組みを事例に」『経営研究』64(3), 43-69.
関　満博（2007）.「辺境の「村」のコミュニティビジネス―岡山新庄村」関　満博・足利亮太郎［編］『「村」が地域ブランドになる時代―個性を生かした10か村の取り組

みから』新評論, pp.172-191.
総社商工会議所 (2016a). 『2015 年度小規模事業者地域力新事業全国支援事業「地域力活用新事業∞全国展開プロジェクト」』成果報告書
総社商工会議所 (2016b). 『2016 年度小規模事業者地域力新事業全国支援事業（本体事業 1 年目）「地域力活用新事業∞全国展開プロジェクト」』成果報告書
総社商工会議所 (2017). 『総社商工会議所会報』*649*
沼　泰弘 (2007). 「津山市／産学官民連携による食品開発」関　満博・遠山　浩［編］『「食」の地域ブランド戦略』新評論, pp.206-219.
松永桂子 (2009). 「笠岡ラーメン／記憶の味を復活させた「まちおこし」」関　満博・古川一郎［編］『「ご当地ラーメン」の地域ブランド戦略』新評論, pp.150-170.

事項索引

A-Z
B級グルメ　*11, 12, 85*
B-1グランプリ　*85, 102*
CGM　*116*
CSA　*175*
　　──加入者　*177*
　　──農家　*177*
E-commerce　*156*
eスタンプ　*202*
Facebookコミュニティ　*180*
ICT　*202*
NFC　*206*
QRコード　*206*
SPA　*76*
Unity　*205*
WeChat　*156*

あ行
愛　*100*
アイスパン　*218*
愛Bリーグ　*85*
浅口市寄島町　*72*
あさぜん焼そば　*89*
アッセンブリー　*178*
餓了么（アルマ）　*164*
いちばいち　*197*
一蘭　*117*
移動を可能にするシステム　*147*
揖保川　*61*
インスタント食品　*129*
インターネット＋　*167*

薄口醤油　*60*
うるち米　*200*

丘売り　*77*
おかず　*5*
お粥　*159*
オタク　*10*
おふくろの味　*13*
卸売事業者数　*190*
卸売市場　*188*
　　──の活性化　*190*
　　地方──　*190*
　　中央──　*190*

か行
開発型B級グルメ　*86*
開封の「夜市」　*33*
カキ
　　──直売所　*76, 77*
　　殻付き──　*77*
　　生食用の──　*78*
　　マガキ──　*72*
ガストロノミー・ツーリズム　*102*
カップヌードル　*128*
カリー・ライス　*25, 26*
カリナリー・ツーリズム　*102*
カレーライス　*18*
川崎幸市場　*193*
川崎市地方卸売市場南部市場　*188*

記号　*114*
喜多方ラーメン　*115*
客体化された文化資本　*98*
牛丼　*161, 174*
共栄堂　*21*

クイジーン・ツーリズム　*102*
グリーンツーリズム　*84*
グルメサイト　*138, 145, 148*
　　──の共通点　*140*
　　──のデータベース　*116*
グルメ・ツーリズム　*102*

経済資本　*97*
ケンタッキーフライドチキン　*158*

濃口醤油　*60*
広告コミュニケーション　*191*
国民食　*19*
小麦　*6*
コメ食志向の食文化　*11*
コメ食志向　*5*
鼓楼食坊　*37*
鼓楼夜市　*36*
コンビニエンスストア　*196*

さ行
最後の1キロ問題　*166*
採苗　*73*

産業観光　84
産地市場　75

指定管理者制度　190
地場産食材　48
シミュラークル　131
社会関係資本　97
周年安定供給　54
　　――システム　55
旬の野菜　56
小宋城　39, 40
消費社会　124
消費地卸売市場　75
醤油醸造企業　64
醤油の種類　60
食
　　――の欧米化　7
　　――のO2O産業化　170
　　――の記号性　124
　　――の記号的次元　124
　　――のシミュラークル化　133
　　――の生理学的次元　125
　　――の文化／記号の次元　125
　　――をめぐる選択肢　i
食O2Oモデル　167
食鮮まつり　197
食パン　213
食欲　99
ショッピングモール　41
新庄村　200
身体化された文化資本　98

スタンプラリーゲーム　202
スチールベルト式エアーブラスト凍結装置　79
スマートフォン　145
スマトラカレー　22
生産者　174
　　――のストーリー　180
生鮮水産物流通　75
制度化された文化資本　98
精養軒　20
瀬戸内市　50
瀬戸内市地産地消ヘルシータウン推進事業　48
総社市　212
総社ドッグ　214

た行

対象a　104
他者の欲望　103
龍野　60
龍野醤油　61
　　――業　63
　　――の汽車輸送　64
　　――の販路　61
　　――の輸送　64
伊達美味　149
食べる通信　179, 181
食べログ　138
チキンラーメン　126, 127
智能配送柜　168
地方卸売市場　190
中央卸売市場　190
　　――数　190
中国
　　――のインターネットの年代別利用率　155
　　――のインターネット利用者数　154
　　――のデリバリーサービス　163
　　――のモバイルネット利用者数　154

中式全餐　159
ツーリズム
　　クイジーン・――　102
　　グリーン――　84
　　グルメ・――　102
　　フード・――　84, 102
津山ホルモンうどん　87
真攻夫（ツンコンフー）　160
出前サイト　163
電気冷蔵庫　6

刀削麺　110
東北食べる通信　179

な行

中村屋　24, 25
生食用のカキ　78
南方関与　22, 23, 28

日本食　4
日本のラーメン文化　110

は行

発掘型B級グルメ　86
ハビトゥス　98
パン　213
　　――の消費額　213
パンわーるど総社　217, 221
　　――フェア　220

美食文化　8
『美女と野獣』　100
ひめのもち　200
ひるぜん焼そば　87, 88
ひるぜん焼そば好いとん会　87

ファーマーズマーケット　178
ファストフード　9
ファミリーレストラン（ファミレス）　9, 11
武夷夜市　38
フードアッセンブリー　177
フードツーリズム　84, 102
ブランディング　192, 193
ブランドエクイティ　192, 193
フリマアプリ　182
フルーツシューケーキ　215
文化資本　97
ポケットマルシェ　181

ホスト　178
ま行
マガキ　72
真庭市　86

ミソープ　128
ミッションステートメント　195
未来の食品　130

モータリゼーション　10
物語性　92

や行
屋台　32, 34, 43
大和屋　20
養殖カキの年次別生産量

73
養殖カキ流通　75
抑制　74
欲望　99
欲求　99
夜市　33
　鼓楼──　36
よるぜん焼そば　89

ら行
ラーメン　128
　──テーマパーク　111
ラーメン二郎　118
蘭州ラーメン　110
ロゴタイプ　194
ロマン　27

人名索引

A-Z
Goffman, E. *104*
Long, L. M. *104*

あ行
アーカー, D. *193*
アーリ, J. *146, 147*
青木澄夫 *22*
秋山 綾 *92*
浅井彌七 *63*
浅井彌兵衛 *63*
安藤百福 *126-129*

石黒貴裕 *72, 73*
石原武政 *77*
石藤延史 *200*
石光真人 *20*
伊藤友治郎 *21-24, 27, 28*

漆畑嘉彦 *114*

エン, R. V. *175, 176*
遠藤英樹 *44, 97*

尾家建生 *84, 102*
岡澤康浩 *98*
奥村彪生 *110*

か行
片岡重吉 *63*
片山 潜 *22*
仮名垣魯文 *20*
蒲 和重 *41*
河田 学 *113-115, 146*

河西晃祐 *24*

北尾トロ *28*
ギブソン, J. J. *118*
邱 永漢 *8*

忽那憲治 *77*
工藤佳治 *171*
クラーク博士 *20*
呉羽正昭 *84*

敬学堂主人 *20*

小菅桂子 *20*
小林 哲 *85*
小宮天香 *23*
近藤健一 *212*

さ行
才原清一郎 *84*
堺 利彦 *22*
坂本一敏 *135*
佐野啓四郎 *142*

志賀重昂 *23*
柴 五郎 *20*
シャープル, R. *102*
シルバーストーン, R. *145*
新宮一成 *99*

菅沼貞風 *23*
杉浦重剛 *23*
鈴木謙介 *146*
須田 寛 *84*

関 満博 *84, 212*

相馬愛蔵 *24-26*
相馬黒光 *24, 25*
相馬俊子 *25, 26*

た行
高橋博之 *179-182*
竹内庸卿 *63*
檀 一雄 *8*

張 元 *153, 158*
張 択端 *32*

鄭 歓 *153, 158*

頭山 満 *24, 28*

な行
中島岳志 *24, 26, 27*
中塚雅也 *181*
中原信之 *63*
中村忠司 *110*

新田太郎 *129*

沼 泰弘 *212*

は行
長谷川彰 *61, 62*
畠山重篤 *74*
濱田英嗣 *76*
林 智信 *113, 114*
早瀬晋三 *23*

速水健朗　*110, 111, 115, 116, 118, 120, 121, 127, 128, 132, 133*
バルト, R.　*124*
番場　寛　*104*

表　世晩　*23*
広瀬玲子　*23*

福沢諭吉　*19*
福本日南　*23*
伏木　亨　*18*
藤田哲雄　*166*
ブリア＝サヴァラン, J. A.　*124, 125*
古川一郎　*84*
ブルデュー, P.　*iii, 95-98*

ボース, R. B.　*24-28*
ボードリヤール, J.　*124, 131*
ホール（Hall, C. M.）　*102*

堀　豊彦　*63*

ま行

松永桂子　*212*
松本健太郎　*147*
眞鍋邦大　*181*

三木　制　*63*
三好　宏　*41*

向井雅明　*99*
村山史康　*72, 73*

孟　元老　*32*
茂木信太郎　*4*
森枝卓士　*20, 21*
森千鶴子　*200*

や行

安田亘宏　*84-86, 110, 115*
矢野　暢　*22, 23*

矢野龍渓　*23*
八尋和郎　*32*
山川健次郎　*19*
山口素堂　*123, 124*

横尾東作　*23*
横山敬三　*62*
吉口克利　*110*
吉田健一　*8*

ら・わ行

ラカン, J.　*iii, 95, 96, 99, 102, 104*

李　艶萍　*153, 157*
龍　雅綺　*157*
劉　香園　*33*

脇坂安煕　*63*
ワトソン, E.　*100*

執筆者紹介（執筆順，＊は編者）

江藤茂博＊（えとう しげひろ）
二松學舍大学文学院長，文学部教授
担当：1章

平崎真右（ひらさき しんすけ）
株式会社 EED，二松學舍大学大学院文学研究科
担当：2章，12章

楊　爽（よう そう）
二松學舍大学大学院文学研究科
担当：3章

岸田芳朗（きしだ よしろう）
岡山商科大学経営学部教授
担当：4章

天野雅敏（あまの まさとし）
岡山商科大学経営学部教授
担当：5章

木村史明（きむら ふみあき）
岡山商科大学附属高等学校
担当：6章

井尻昭夫＊（いじり あきお）
岡山商科大学学長，経営学部教授
担当：6章

大石貴之（おおいし たかゆき）
岡山商科大学経営学部講師
担当：7章

遠藤英樹（えんどう ひでき）
立命館大学文学部教授
担当：8章

松本健太郎＊（まつもと けんたろう）
二松學舍大学文学部准教授
担当：9章

河田　学（かわだ まなぶ）
京都造形芸術大学芸術学部教授
担当：10章

山﨑裕行（やまざき ひろゆき）
二松學舍大学大学院文学研究科
担当：11章

李艶萍（り えんぺい）
浙江財経大学東方学院外国語分院教学秘書
担当：12章

張　元（ちょう げん）
二松學舍大学大学院文学研究科
担当：12章

鄭　歓（てい かん）
二松學舍大学大学院文学研究科
担当：12章

大塚泰造（おおつか たいぞう）
株式会社フラッグ取締役，二松學舍大学文学部非常勤講師
担当：13章

海野　裕（うみの ゆたか）
株式会社インターテクスト代表取締役
担当：14章

箕輪弘嗣（みのわ ひろつぐ）
岡山商科大学経営学部准教授
担当：15章

大﨑紘一＊（おおさき ひろかず）
岡山商科大学副学長，経営学部教授
担当：15章

渡邉憲二（わたなべ けんじ）
岡山商科大学経営学部准教授
担当：16章

張天波（ちょう てんは）
魯東大学文学院党総支部書記
担当：コラム①

倉持リツコ（くらもち りつこ）
二松學舍大学大学院文学研究科
担当：コラム①翻訳

黄碧波（こう へきは）
安徽外国語学院専任講師
担当：コラム②

松田貴博（まつだ たかひろ）
北京外国語大学中文学部東京事務所・北京専任理事
担当：コラム③

シリーズ・21世紀の地域⑥

フードビジネスと地域

食をめぐる文化・地域・情報・流通

2018 年 3 月 31 日　　初版第 1 刷発行

編　者　井尻昭夫
　　　　江藤茂博
　　　　大﨑紘一
　　　　松本健太郎
発行者　中西　良
発行所　株式会社ナカニシヤ出版
〒606-8161　京都市左京区一乗寺木ノ本町 15 番地
　　　　　　　　Telephone　075-723-0111
　　　　　　　　Facsimile　075-723-0095
　　　　Website　http://www.nakanishiya.co.jp/
　　　　Email　　iihon-ippai@nakanishiya.co.jp
　　　　　　　　郵便振替　01030-0-13128

印刷・製本＝ファインワークス／装幀＝白沢　正
Copyright © 2018 by　A. Ijiri, S. Eto, H. Osaki, & K. Matsumoto
Printed in Japan.
ISBN978-4-7795-1272-8

本書のコピー，スキャン，デジタル化等の無断複製は著作権法上の例外を除き禁じられています。本書を代行業者等の第三者に依頼してスキャンやデジタル化することはたとえ個人や家庭内での利用であっても著作権法上認められていません。

ナカニシヤ出版◆書籍のご案内
表示の価格は本体価格です。

地域分析ハンドブック
Excel による図表づくりの道具箱
半澤誠司・武者忠彦・近藤章夫・濱田博之 ［編］
様々な領域で使える基礎的な統計知識，分析法，グラフの書き方を網羅。社会調査を学ぶ人も必携の一冊。　　　　　　　　　　　　　　　　　　　　　　　　　　　2700 円＋税

社会関係資本の地域分析
埴淵知哉 ［編］
社会関係資本をどのように測り，分析するのか。社会関係資本が豊かな場所はどこか。なぜ社会関係資本が，地域の特性とみなしうるのか。　　　　　　　　　　　　　　　　　3000 円＋税

◆シリーズ・21 世紀の地域
①インターネットと地域
荒井良雄・箸本健二・和田　崇 ［編］
ブロードバンド，電子自治体，葉っぱビジネス，近年のさまざまな地域情報化プロジェクトについて調査，考察する最新テキスト。　　　　　　　　　　　　　　　　　　　　　　2700 円＋税

②コンテンツと地域
映画・テレビ・アニメ　原　真志・山本健太・和田　崇 ［編］
映画・テレビ・アニメ——コンテンツ産業と地域振興の取組みの現在を捉えコンテンツ産業のあり方と地域振興方策を展望する。　　　　　　　　　　　　　　　　　　　　　　2600 円＋税

③ショッピングモールと地域
地域社会と現代文化　井尻昭夫・江藤茂博・大﨑紘一・松本健太郎 ［編］
グローバル化の潮流のなかで世界各地に展開されつつあるショッピングモールを通して地域社会の変容と現代文化の諸相を捉える。　　　　　　　　　　　　　　　　　　　　2700 円＋税

④ライブパフォーマンスと地域
伝統・芸術・大衆文化　神谷浩夫・山本健太・和田　崇 ［編］
神楽，演劇，音楽，大道芸，芸術祭……様々な文化実践とその実践場所との関係を「真正性」などのキーワードに注目しながら論じる。　　　　　　　　　　　　　　　　　2600 円＋税

⑤ローカル・ガバナンスと地域
佐藤正志・前田洋介 ［編］
新自由主義的な行財政改革とともに普及した「ローカル・ガバナンス」とは何か。文脈と背景，多様な事例に基づき地理学から迫る。　　　　　　　　　　　　　　　　　　　2800 円＋税